Staats- und sozialwissenschaftliche Forschungen

herausgegeben

von

Gustav Schmoller und **Max Sering.**

Heft 168.

Dr. A. Becker, Die Stolberger Messingindustrie und ihre Entwicklung.

Verlag von Duncker & Humblot.
München und Leipzig 1913.

Die

Stolberger Messingindustrie

und

ihre Entwicklung.

Von

Dr. A. Becker.

Verlag von Duncker & Humblot.
München und Leipzig 1913.

Alle Rechte vorbehalten

Altenburg
Pierersche Hofbuchdruckerei
Stephan Geibel & Co.

Indem ich nachstehende Arbeit der Öffentlichkeit übergebe, habe ich die angenehme Pflicht zu erfüllen, allen denjenigen, die mich bei der Fertigstellung meiner Arbeit unterstützt haben, meinen verbindlichsten Dank auszusprechen. Vor allem gebührt er meinem verehrten Lehrer, Herrn Prof. Dr. H. Schumacher, der mir bei Abfassung dieser Schrift stets mit Rat und Tat beigestanden hat. Mit großem Dank erkenne ich auch die hilfreiche Unterstützung an, die die Herren Bürgermeister Dobbelmann, Handelsschuldirektor Hell, Generaldirektor Dr. Görlitz und Eduard Klug aus Stolberg, sowie die Firmen William Prym und von Asten & Lynen in Stolberg mir zuteil werden ließen.

Inhaltsverzeichnis.

	Seite
Einleitung	1—2
I. Der Anteil der einzelnen Produktionsverfahren am Produktionsprozeß in der Entstehungsperiode	3—24
A. Die Entstehung der Stolberger Messingindustrie	3—4
B. Die Ursachen der Entstehung der Stolberger Messingindustrie	4—23

     1. Untersuchung über das Vorhandensein der einzelnen Produktionsfaktoren im Anfang des 16. Jahrhunderts a. Der natürliche Produktionsfaktor. b. Der Kapital- und Arbeitsfaktor.

     2. Notwendigkeit der Heranziehung des Kapital- und Arbeitsfaktors. a. Die Richtung der Anziehungskraft des natürlichen Produktionsfaktors. b. Die anziehenden Momente des Stolberger Bodenfaktors. c. Die abstoßenden Momente des Aachener Bodenfaktors.

	Seite
C. Die Beantwortung der ersten Hauptfrage	23—24
II. Veränderungen in der Anteilnahme der einzelnen Produktionsfaktoren am Produktionsprozeß	25—41
A. Folgen des liberalen Wirtschaftsprinzips	25—28

     1. Niedergang der niederländischen und Aachener Messingindustrie. — Aufschwung des Stolberger Produktionsprozesses.

     2. Die Reaktionsbewegungen gegen das neue Wirtschaftsprinzip.

	Seite
B. Veränderungen in der Anteilnahme der einzelnen Faktoren am Produktionsprozeß	28—39

     1. des natürlichen Produktionsfaktors, a. in bezug auf seine Lage zum Absatzgebiet, b. in bezug auf seine Lage zur besten Rohstoffquelle;

     2. des Kapital- und Arbeitsfaktors.

	Seite
C. Folgen der veränderten Verhältnisse	39—41
III. Die neueren Aufgaben der Stolberger Messingindustrie	42—78
A. Die Aufgaben zur Erzeugung einer billigen Ware	44—63

     1. Ausnutzung der modernen Entwicklung des Kupfermarktes.

		Seite
2. Beseitigung der durch die ungünstige Lage zum Absatzgebiet gegebenen Nachteile.		
3. Rationellster Ausbau der Produktionstechnik.		
B. Die Aufgaben zur Erzeugung einer Qualitätsware		63—68
1. Beschaffung und Erhaltung guter Arbeitskräfte.		
2. Notwendigkeit der Verarbeitung einer Qualitätsware im Eigenbetrieb.		
C. Die Lösung vorstehender Aufgaben durch die Stolberger Messingindustrie		68—75
Die Wirkung des Sanierungsprozesses.		
E. Schluß		75—78
V. Anhang		79—81
War Mattheis Peltzer 1591 Aachener Bürger oder nicht?		

Einleitung.

Da die Metallindustrie auf die nur an einzelnen Stellen der Erdoberfläche vorkommenden Erze angewiesen ist, so wird sich, besonders in verkehrsarmer Zeit, vor allem dort ein derartiger Fabrikationszweig entwickeln, wo die nötigen Rohstoffe von der Natur zur Verfügung gestellt werden. Je größer nun die Quantität der geförderten Erze ist, je leichter ihr Abbau vorgenommen werden kann, desto größer ist auch die Bedeutung des natürlichen Produktionsfaktors für den Produktionsprozeß. Weil aber die mineralischen Bodenschätze keine ersetzbaren Rohstoffe darstellen, muß mit der Zeit ihr Vorkommen immer geringer, ihr Abbau immer schwieriger werden, mit anderen Worten: der Vorteil des Produktionsprozesses, der auf der günstigen Beschaffenheit des natürlichen Produktionsfaktors beruhte, nimmt mit der Zeit ab.

Dieser Rückgang der Produktivität kann nur durch verstärkten Aufwand von Kapital und Arbeit einigermaßen ausgeglichen werden. Aber auch die stärkste Verwendung dieser beiden Faktoren vermag die schließliche Erschöpfung einer bestimmten Gegend an mineralischen Rohstoffen nicht zu verhindern. Sind jedoch die Bodenschätze des betreffenden Ortes ausgebeutet, so muß die in Betracht kommende Industrie sich entweder eine neue Produktionsstätte suchen oder durch großen Aufwand von Kapital und Arbeit den aus dem Produktionsprozeß fast vollständig ausgeschiedenen natürlichen Produktionsfaktor zu ersetzen suchen. Der letzte Weg ist nicht in allen Gewerben, ist auch nicht bei allen Unternehmungen derselben Branche gleich gangbar; aber daß er beschritten werden kann, und daß er sogar unter bestimmten Voraussetzungen zu einer gewissen monopolistischen Stellung führen kann, zeigt die Entwicklung der Stolberger Metallindustrie, vor allem der Stolberger Messingindustrie.

Da jedes Gewerbe einen Produktionsprozeß darstellt, der in dem Zusammenwirken von Kapital, Arbeit und natürlichen Bodenkräften besteht, der Grad ihrer Anteilnahme am Produktionsprozeß sich aber nicht nur ändern kann, sondern im Laufe der Zeit sogar ändern muß, wird sich die wirtschaftliche Entwicklung einer Industrie am besten an der Veränderung in der Beteiligung der einzelnen Produktionsfaktoren am Produktionsprozeß erkennen lassen. Demgemäß handelt es sich hier um die Beantwortung folgender Hauptfragen:

1. Welchen Anteil hatten die einzelnen Produktionsfaktoren am Produktionsprozeß beim Entstehen der Stolberger Messingindustrie?

2. Welche Veränderungen fanden im Laufe der wirtschaftlichen Entwicklung statt, und wodurch waren sie bedingt?

3. Welche Folgen hatte dies für die Stolberger Messingindustrie?

I. Der Anteil der einzelnen Produktionsfaktoren am Produktionsprozeß zu Beginn der Entwicklung.

Zur systematischen Lösung der ersten Hauptfrage ist zunächst die Beantwortung einiger Vorfragen erforderlich. Es muß vor allem festgestellt werden, wann die Stolberger Messingindustrie und wie sie entstanden ist. Während zur Lösung des ersten Problems eine kurze historische Darstellung genügt, kann das zweite nur durch eine eingehende wirtschaftliche Untersuchung erfaßt werden, die, von dem natürlichen Produktionsfaktor ausgehend, die Ursachen zu ergründen hat, die seine Vereinigung mit den übrigen Produktionsfaktoren, Kapital und Arbeit, herbeiführten.

A. Die Entstehung der Stolberger Messingindustrie.

Die erste Nachricht über die Entstehung von Messingwerken in Stolberg datiert aus dem Jahre 1497. In diesem Jahre pachtete der Aachener Schöffe und Kupfermeister Heinrich Dollart von Vincenz von Efferen, Herrn von Stolberg, den früheren Eisenhammer, Dollartshammer genannt, „um dort Kupfer und auch Eisen, Blei, Gold und Silber zu verarbeiten[1]." Im Jahre 1508 kaufte er von einem gewissen Supis oder Suffus eine in der Nähe gelegene neue Hütte, die also ebenfalls schon zu Anfang des 16. Jahrhunderts bestanden haben muß[2]. Seit der Mitte des 16. Jahrhunderts nahm die Gründertätigkeit immer mehr zu. Hof nach Hof wurde in und bei Stolberg angelegt. 1532 belehnte der Herr von Stolberg den Mathias Düppengießer und Johann von

---
[1] R. A. Peltzer, Geschichte der Messingindustrie und der künstlerischen Arbeiten in Messing (Dinanderies) in Aachen und den Ländern zwischen Maas und Rhein von der Römerzeit bis zur Gegenwart. Aachen 1909, S. 72. In der Hauptsache ist das hier benutzte ältere historische Material genanntem Werke entnommen.
[2] H. F. Macco, Geschichte und Genealogie der Familien Peltzer. Aachen 1901, S. 181.

der Veldt mit dem Wasserstrom der Vicht, und gestattete ihnen die Anlage zweier Kupfermühlen[1]; die Schabenbendmühle wurde um 1579, die Hammmühle 1592 erbaut. Schon vor 1580 bestanden die Kupferhöfe Enkerei und Binsfeldhammer[2]. Die Ischenberger Mühle wurde 1583 von Matheis Peltzer errichtet. Diese Anlagen wurden in der ersten Hälfte des 17. Jahrhunderts derart vermehrt, daß um das Jahr 1667 nicht weniger als 33 Messingwerke in und bei Stolberg bestanden.

B. Die Ursachen der Entstehung der Stolberger Messingindustrie.

Da der Produktionsprozeß in dem Zusammenwirken der drei Produktionsfaktoren besteht, so kann ein solcher zunächst dann zustande kommen, wenn diese drei Faktoren örtlich konzentriert sind und durch den Menschen zum Produktionsprozeß vereinigt werden, oder es kann an einem bestimmten Orte ein Produktionsfaktor unter so günstigen Bedingungen vorhanden sein, daß er eine überwältigende Anziehungskraft auf die räumlich von ihm getrennten beiden anderen ausübt und sie zwingt, sich mit ihm an seinem Standort zum Produktionsprozeß zu vereinigen. Untersuchen wir zunächst die erste Möglichkeit, so ist zu erforschen, ob die Stolberger Gegend zu Beginn des 16. Jahrhunderts die für die Entstehung der Messingindustrie notwendigen Voraussetzungen in hinreichender Quantität und Qualität besaß, so daß sich auch ohne Zuzug von außen eine derartige wirtschaftliche Tätigkeit entwickeln konnte. Dabei haben wir zunächst:

1. Die Beschaffenheit des natürlichen Produktionsfaktors

zu untersuchen. Die Vorteile, die der natürliche Produktionsfaktor einer gewerblichen Unternehmung bieten kann, beruhen nicht, wie in der Landwirtschaft, in seiner Eigenschaft als Produktionsmittel, sondern in derjenigen eines Standortes und zwar in seiner Lage
    a) zum Fundort der Rohmaterialien,
    b) zum Absatzgebiet.
Daneben kann er auch noch insofern vorteilhafte Wirkungen auf den Produktionsprozeß ausüben, als er
    c) der Träger wirtschaftlich-rechtlicher Institutionen
sein kann, die den betreffenden Fabrikationsprozeß allen Konkurrenzunternehmungen überlegen machen. Die Betrachtung des Verhältnisses des natürlichen Produktionsfaktors zum Ab-

---

[1] R. A. Peltzer a. a. O. S. 120.
[2] Macco a. a. O. S. 63.

satzgebiet soll aus Gründen einer möglichst übersichtlichen Darstellung dem zweiten Hauptabschnitt vorbehalten sein.

Als Rohmaterialien der Messingindustrie sind zu nennen die Erze, und zwar Kupfer- und Zinkerze, sodann die Brennmaterialien, Holz und Kohle. Damit ist aber die Bedeutung des Standortes zur Rohstoffquelle noch nicht erschöpft, da auch mechanische Kräfte (Wasser) von hervorragender Bedeutung für den Produktionsprozeß sein können.

Der Regierungsbezirk Aachen war außerordentlich reich an Erzen der verschiedensten Art. Es fanden sich dort nicht nur Eisen- und Bleierze, sondern vor allem auch die hier in Betracht kommenden Zinkerze. Daneben kamen noch einige Kupfer- und Manganerze vor, die jedoch keine wesentliche Bedeutung besaßen, da die gefundene Menge nie ausreichte, eine entsprechende Industrie zu alimentieren. Um so bedeutender waren die Blei- und vor allem die Zinkerzfunde. Die wichtigsten Blende- und Galmeilager lagen rings um Stolberg bei Hastenrath, Büsbach, Walheim, Breinigerheide, Hastenberg, Mausbach, Werth, Röhe, Eilendorf, Nirm, Verlautenheide usw. Wenn diese Lagerstätten, die wir in der Folge als Stolberger Erzgruben bezeichnen werden, auch nicht die reichhaltigsten waren, so war doch auch die wichtigste Galmeilagerstätte des Aachener Bezirks, der berühmte Altenberger Galmeiberg, nicht so weit von Stolberg entfernt, daß sie für eine in diesem Orte entstehende Metallindustrie als Rohstoffquelle nicht mehr in Frage gekommen wäre, vorausgesetzt, daß nicht ein Konkurrenzunternehmen ihr die Zufuhr von dort durch Ankauf der Gruben unmöglich machte. Der Reichtum der Stolberger Blende- und Galmeilager erhellt am besten aus folgender Tabelle[1]. An Zinkerzen wurden gefördert:

	Preußen Ztr.	Oberbergamtsbezirk Bonn Ztr.	Oberbergamtsbezirk Dortmund Ztr.	Stolberg Ztr.
1855	4 411 472	523 809	114 348	165 098
1856	4 663 772	525 294	125 705	135 233
1857	4 504 589	588 640	142 423	117 573
1858	4 887 345	544 892	183 460	92 620
1859	5 565 541	471 219	119 876	103 262
1860	8 076 916	621 353	179 331	141 278
1861	6 573 637	673 961	229 931	119 771

Was bei obiger Statistik sofort auffallen muß, sind die starken Schwankungen der Stolberger Produktion. Die Gründe hierfür sind teils technischer Art, teils beruhen sie auf der geologischen Beschaffenheit der dortigen Lagerstätten. Diese

---

[1] Die Zahlen für die Stolberger Produktion sind den Stolberger Handelskammerberichten der betreffenden Jahre entnommen; für die übrigen siehe Hocker, Die Großindustrie Rheinlands und Westfalens. Leipzig 1867.

waren nämlich meist unregelmäßig, d. h. die Erze fanden sich gewöhnlich nicht in Gängen, sondern in Nestern. Damit kommen wir auf einige Eigentümlichkeiten der Stolberger Erzlagerformation, die von einschneidender Bedeutung für die Entwicklung nicht nur der Messingindustrie, sondern der gesamten Stolberger Metallindustrie waren.

Zunächst finden sich die Blei- und Zinkerze nicht an räumlich getrennten Fundorten, sondern sie kommen zusammen vor, so daß Dechen[1] von ihnen sagt:

„Die Erze bestehen ursprünglich aus Bleiglanz (der Silbergehalt des ausgebrachten Bleies beträgt $1/2$—4 Loth in 100 Pfund), Blende und Schwefeleisen in der Form von Speer- oder Binarkies, welcher dünne Überzüge, selten strahlige Massen bildet und sich sehr schnell an der Atmosphäre zersetzt. — — — Die Umänderung dieser Erze reicht von der Oberfläche bis zur Tiefe von 30 und selbst 40 Lachter und findet sich bis dahin im Dolomitsandstein. — — — Die Umänderung zeigt sich deutlich an Stücken, welche an dem einen Ende aus **Schalenblende mit Bleiglanz**, an dem anderen aus **Galmei mit Bleiglanz bestehen**."

Die bei Stolberg gefundenen Erze bestanden also in der Hauptsache aus Bleiglanz, Zinkblende und Galmei. Während erstere zu den Sulfiten gehören, ist der Galmei teilweise ein Carbonat, teilweise ein Silikat, die in den Erzformationen der Erdoberfläche in der Regel näher zu liegen pflegen als die Sulfitarten, die gewöhnlich erst in der Teufe zu erreichen sind.

Bleiglanz und Zinkblende kamen also in größerer Menge erst in der Teufe vor. Dabei machte sich wieder eine Eigentümlichkeit der geognostischen Beschaffenheit der Stolberger Gegend geltend, die von Bedeutung war für die späte Entwicklung der dortigen Blei- und Zinkindustrie und die verhältnismäßig frühzeitige Entstehung der Messingindustrie. Es ist dies die Zusammensetzung des Begleitgesteins der Erze.

Ein großer Teil der Erze fand sich nämlich im Eifelkalkstein, der die hydrographische Beschaffenheit der Gruben stark beeinflußt. Dechen sagt hierüber[2]:

„Das Verhalten des Kalksteins in Bezug der Wasserzugänge hat auf den Betrieb dieser Lagerstätten einen wesentlichen Einfluß ausgeübt. Der Kalkstein ist so klüftig, daß die atmosphärischen Wasser auch auf den flachen Höhenzügen bis auf das Niveau der nächstgelegenen Taleinschnitte niedersinken. Die Eisenerze sind daher bis zu diesem Niveau ohne künstliche Mittel (Lösung durch Stollen oder Maschinen) ge-

---

[1] v. Dechen, Orographisch-geognostische Übersicht des Regierungsbezirks Aachen, enthalten in Reinick, Statistik des Regierungsbezirks Aachen. Aachen 1866.
[2] v. Dechen a. a. O. S. 247 Anm. 1.

fördert worden. Dieses Wasserniveau bleibt sich jedoch nicht gleich; in trockenen Jahren liegt dasselbe beträchtlich tiefer als in nassen Jahren. Unter diesem Wasserniveau sind dagegen die Zuflüsse so stark, daß ohne Wasser-Ableitung durch Stollen die tiefer liegenden Erze gar nicht gewonnen werden können, und diese Stollen müssen schon von ziemlich entfernten Punkten herangeholt werden, weil sich die Grundwasser zu den näher gelegenen durch natürliche Klüfte die Wege bahnen."

Diese Eigenschaft des Eifelkalksteins bedingte einerseits einen leichten Abbau bis zum Wasserniveau, d. h. da der oberste Teil der Erzschichten hauptsächlich aus Galmeierzen bestand, konnte ihr Abbau ohne großen Aufwand von Kapital und Arbeit bewerkstelligt werden; anderseits konnte die Gewinnung des sich hauptsächlich unter dem Wasserniveau befindlichen Bleiglanzes und der Zinkblende nur unter Aufwendung bedeutender Kapital- und Arbeitskraft erfolgen, so daß die Entstehung einer nennenswerten Blei- und Zinkindustrie erst mit dem Anwachsen dieser beiden Produktionsfaktoren möglich wurde.

Die günstigen Produktionsbedingungen, die der Boden Stolbergs durch seinen Erzreichtum einer entstehenden Metallindustrie bot, wurden noch verstärkt durch die reichen Vorräte an Brennmaterial, die in der dortigen Gegend vorhanden waren. Infolge des Waldreichtums des Regierungsbezirks Aachen im allgemeinen und des Stolberger Tales im besonderen konnte solches einem gewerblichen Unternehmen in Form von Holz und Holzkohle zur Verfügung gestellt werden. Nach der Verwendbarmachung der Steinkohle boten die reichen Kohlenfelder des dortigen Bezirks einen billigen Brennstoff dar. Der Holzreichtum der Aachener Gegend ist, wie heute noch der Augenschein lehrt, ein bedeutender und war früher noch größer. So waren die Seiten des Stolberger Tales in früheren Zeiten noch vollständig mit Wald bedeckt, wie aus einer Zeichnung der Ellermühle und des Stolberger Schlosses aus der Mitte des 16. Jahrhunderts hervorgeht[1]. Daß auch der zweite Brennstoff, die Steinkohle, in reicher Menge vorhanden war, braucht wohl nicht besonders bewiesen zu werden, da der Aachener Bezirk noch heute als Kohlenbezirk bekannt ist. Dieser Umstand erhielt eine noch höhere Bedeutung dadurch, daß Erze und Kohle unmittelbar nebeneinander in und bei Stolberg vorkamen[2].

Was die hydrographischen Verhältnisse der Stolberger Gegend anbetrifft, so ist zu erwähnen, daß im ganzen Regierungsbezirk Aachen weder schiffbare Ströme noch dem Handelsverkehr dienende Kanäle vorhanden waren. Nur zwei

---

[1] Macco, Genealogie der Familie Peltzer, a. a. O. S. 62/64.
[2] v. Dechen a. a. O. S. 260 ff.

kleine Flüßchen, der Stolberg in seiner ganzen Länge durchfließende Vichtbach und der Münsterbach, der Stolberg umfließt, sind hier zu erwähnen, weil sie, wie später zu zeigen sein wird, von großer Bedeutung für die Entstehung der Stolberger Messingindustrie gewesen sind.

Die Vorteile des Stolberger natürlichen Produktionsfaktors als Träger wirtschaftlich-rechtlicher Institutionen waren durch die Tatsache begründet, daß in unmittelbarer Nähe von Stolberg drei verschiedene Rechtsgebiete zusammenstießen. Es waren dies das Herzogtum Jülich, das Gebiet der freien Reichsstadt Aachen und das Land der reichsunmittelbaren Abtei Cornelimünster. Infolge der Konkurrenz dieser drei Gebiete war es außerordentlich schwierig, innerhalb des Stolberger Wirtschaftsgebietes die Produktion beschränkende Bestimmungen zur Durchführung zu bringen.

2. Die Beschaffenheit des Kapital- und Arbeitsfaktors.

So günstig auch der natürliche Produktionsfaktor der Entstehung einer Messingindustrie war, um so ungünstiger war die Beschaffenheit der übrigen Produktionsfaktoren. Was zunächst die Arbeitskräfte angeht, so war Stolberg vor Entstehung der Messingindustrie kaum besiedelt. Dies geht aus der Aussage zweier Eschweiler Bürger, des Heinrich Koch und Peter Leisten, hervor, welche um die Zeit, als der Herr von Efferen um die Mitte des 16. Jahrhunderts das Gericht in Stolberg einführte, amtlich vernommen wurden und aussagten:

„das sie gedenken, das weder Scheffen noch Schultheis zu Stailberg plag zu sein, sondern 2—3 huiser, ist aber jetzo über 14—16[1]."

Da man zu einer derartigen Aussage wohl die ältesten Ortseingesessenen herangezogen haben wird, ist ihre Angabe auf die Zeit vor Entstehung des ersten Messingwerkes, also vor 1497, zurückzuführen. Die für den Betrieb des in obigem Jahre errichteten Dollartshammers nötigen Arbeitskräfte werden von auswärts, wahrscheinlich aus dem Cornelimünsterischen, woher die Aachener Messingindustrie schon teilweise ihre Arbeitskräfte bezog[2], herangezogen worden sein, da es unbedingt qualifizierte Arbeitskräfte sein mußten. Diese aber waren damals sicherlich nicht in Stolberg vorhanden, da bei der damaligen Konzentration der gewerblichen Kenntnisse in den Städten solche sich nicht leicht auf das Land verirrten. Aber auch die Quantität der Arbeitskräfte reichte nicht aus, da

---

[1] Koch, Geschichte der Stadt Eschweiler und der benachbarten Ortschaften", Frankfurt a. M. 1890. I S. 110.
[2] R. A. Peltzer a. a. O. S. 134.

nach obiger Aussage Stolberg vor 1497 nicht mehr als 10 bis 12 Bewohner zählte, von denen noch Frauen und Kinder als für die Messingindustrie nicht geeignete Kräfte abzuziehen sind. Zum Betrieb zweier Messingschmelzöfen und der dazu gehörigen Mühlen waren aber nach Noppius[1] 17 Knechte erforderlich.

Bei der geringen Bevölkerung des Stolberger Tales konnte auch die für die Messingindustrie nötige Kapitalkraft nicht vorhanden sein, die für die damalige Zeit ganz bedeutend war. So bedurfte ein Messingfabrikant nach Noppius[2], außer den Kosten für die Anlagen der Öfen und Mühlen, dem Arbeitslohn für die 17 Knechte noch eines täglichen Betriebskapitals von 100 Rthr.

Unter diesen Umständen hätte ohne Zuzug von außen die Entstehung einer Messingindustrie noch Jahrhunderte lang verzögert werden können. Da aber der natürliche Produktionsfaktor günstige Bedingungen darbot, konnte dieser unter bestimmten Voraussetzungen eine solche Anziehungskraft auf auswärtige Arbeits- und Kapitalkraft erlangen, daß die Besitzer dieser beiden Faktoren gezwungen wurden, Stolberg zum Standort des Produktionsprozesses zu wählen. Arbeit und Kapital mußten jedoch ebenfalls das Bestreben zeigen, die Rohstoffe an ihren Standort zu ziehen, so daß also die Wanderung dieser beiden Faktoren nur durch die **überlegene** Bedeutung des natürlichen Produktionsfaktors veranlaßt werden konnte. Daher ist zu untersuchen, ob tatsächlich eine derartige Überlegenheit des Faktors Natur vorhanden war, und worin sie bestand.

Die in Betracht kommenden Zinkerze bestanden aus Galmei und Zinkblende, von denen hier nur der Galmei zu behandeln ist, da die Zinkblende wegen ihres Schwefelgehalts nicht zur Messingfabrikation benutzt werden konnte. Der Galmei bietet eine zweifache Verwendungsmöglichkeit, indem er einerseits zur Zinkfabrikation, anderseits durch Verschmelzung mit Kupfer zur Messingerzeugung verwendet werden kann. Während die Zinkgewinnung aus Galmei erst einer Entdeckung der letzten Jahrzehnte des 18. Jahrhunderts vorbehalten war, ist seine Verwendbarkeit für die Messingindustrie schon im Altertum bekannt gewesen, so daß also hier nur sein Verhältnis zu letzterer in Betracht kommt. Aus dieser mußten die nötigen vorzüglich qualifizierten Arbeitskräfte genommen, aus ihr mußte aber auch infolge der engen Verbindung des Kapitals mit einem bestimmten Gewerbe im Mittelalter die nötige Kapitalmenge nach Stolberg gezogen werden.

---

[1] J. Noppius, Aacher Chronik. Cölln 1632. Bd. I, S. 112.
[2] J. Noppius a. a. O. I, S. 112.

War so schon die Richtung der Anziehungskraft des natürlichen Produktionsfaktors gewerblich fixiert, so war sie auch örtlich bestimmt. Da die Messingindustrie Erze oder Metalle verarbeitet, es sich bei ihren Rohstoffen also um schwer transportierbare Materialien handelt, verlangte schon das wirtschaftliche Prinzip, daß sich ein derartiges Gewerbe möglichst in der Nähe der Rohstoffquelle niederließ. Die in Betracht kommenden Stoffe bestehen aus Kupfer und Galmei, die in der Regel nur äußerst selten in großen Mengen nebeneinander gefunden werden. Da also als Standort nur eine der beiden Rohstoffquellen in Frage kommen konnte, so handelte es sich nur darum, welcher Standort die größten wirtschaftlichen Vorteile bieten mußte. Diese Frage ist unbedingt zugunsten des Galmeis zu beantworten, weil zur Fabrikation eine ungleich größere Menge Galmei als Kupfer gebraucht wurde. So betrug nach Jacobi[1] der Kupferverbrauch in Stolberg 1773 1 680 000 Pfd., der Galmeiverbrauch dagegen 3 440 000 Pfd. Der Standort in der Nähe des Kupferfundortes würde also die Transport- und damit auch die Produktionskosten erheblich verteuert haben.

Aus wirtschaftlichen Gründen mußte sich eine Messingindustrie zunächst in der Nähe des Galmeifundortes entwickeln. Da sich gelernte Arbeit und Kapital zur damaligen Zeit in den Städten konzentrierte, mußte sich die Anziehungskraft des Stolberger Bodenfaktors auf die in seiner Nähe liegenden Städte und zwar auf diejenigen, in denen sich schon eine Messingindustrie entwickelt hatte, erstrecken.

Die ältesten Unternehmungen dieser Art in der Nähe von Stolberg befanden sich in Belgien, in den Städten Lüttich, Huy und Dinant. Schon um das Jahr 1103 besaßen diese nach Peltzer[2] eine Reihe von Zollprivilegien der Kölner Erzbischöfe für die aus Dortmund und über Neuß gehenden Kupfersendungen aus Sachsen (Goslar). Für sie kam die Stolberger Rohstoffquelle nicht in Betracht, weil sich an den Ufern der Maas von Givet bis Lüttich, also in größter Nähe des Fabrikationszentrums, reiche Galmeilager befanden. Eine Produktionssteigerung, welche die Leistungsfähigkeit der dortigen Gruben erschöpfte, konnte bei dem rein handwerksmäßigen Betrieb jener Zeit gar nicht erzielt werden. Hätten aber auch die dortigen Vorräte nicht ausgereicht, so lag doch noch zwischen dem Stolberger Gebiet und der Messingproduktionsstätte ein anderer Fundort, der an Galmeischätzen fast unerschöpfliche Altenberg bei Moresnet, der noch heute eine starke Förderung an Zinkerzen aufzuweisen hat.

---

[1] Enthalten in Koch a. a. O. Bd. II, S. 109 ff.
[1] R. A. Peltzer a. a. O. S. 27.

Auch in Aachen bestand seit dem Jahre 1450 eine Messingindustrie, die angezogen durch Vergünstigungen, die ihnen der Aachener Rat gewährte, wahrscheinlich aus den genannten belgischen Städten eingewandert war. Im erwähnten Jahre wurde dem „Batteur Daniel von der Kammen" das Zunftstatut verliehen. Nach Peltzer verpflichtet sich die Stadt „nur ein Prozent vom Wert. des verarbeiteten Kupfers und Galmeis, sowie der Gerätschaften" als Akzise zu erheben, im übrigen aber weder von den Ambachtsgenossen noch von anderen Bürgern oder Fremden, welche Kupfer einführen oder die fertigen Waren kaufen und ausführen, irgendwelche Abgaben zu fordern. Durch die Bestimmung, daß der Rat ihnen „yrem battoir ambacht dienende Anlagen, welche sie selbst oder andere bauen würden, dem Ambacht gegen einen billigen Jahreszins überlassen" will, wird den Eingewanderten die Einführung der Messingindustrie ohne großen Kapitalaufwand für die zu errichtenden Anlagen ermöglicht. Nicht nur wird den eingewanderten Unternehmern und ihren Gesellen das Bürgerrecht erteilt, sondern von der Kammen erhält auch eine Leibpension von 10 Gulden [1]. Auch wird ihm „das Grundstück zum Speicher" in der kleinen Marschierstraße zur Errichtung seiner Öfen und Werkstätten unentgeltlich überlassen. Wirtschaftspolitische Maßnahmen des Aachener Rats waren es also, die erfahrene Arbeitskräfte dem Stolberger Rohstoffzentrum so nahe brachten, daß der dortige natürliche Produktionsfaktor unter gewissen Voraussetzungen anziehend wirken konnte.

Zweck dieser Abschweifung war die Richtung, welche die Anziehungskraft des Stolberger natürlichen Produktionsfaktors nehmen mußte, auch örtlich zu begrenzen. Aus der Aachener Messingindustrie mußte Arbeit und Kapital herangezogen werden, wenn in Stolberg ein derartiges Gewerbe entstehen sollte. In allen Arbeiten, die sich mit der Aachener Messingindustrie befassen, wird hervorgehoben, daß der Zuzug Aachener Kupfermeister nach Stolberg durch die religiösen Unruhen veranlaßt wurde, die in der zweiten Hälfte des 16. Jahrhunderts in Aachen herrschten und die 1598 mit der Ausweisung protestantischer Familien endeten. Selbst Peltzer [2], der die Aachener Messingindustrie allerdings vom historischen Standpunkt aus ausführlich behandelt, ist der Ansicht, daß „die Ursachen weniger in wirtschaftlichen Momenten als vielmehr in den politisch-religiösen Verhältnissen der Zeit" zu suchen sind. Mir scheint in dieser Ansicht eine Überschätzung des politisch-religiösen Momentes zu liegen. Man

---

[1] R. A. Peltzer a. a. O. S. 20.
[2] Ebenda S. 144.

räumt hierbei den äußeren Verhältnissen einen zu großen Einfluß auf die Entwicklung eines Gewerbes ein. Gewiß können äußere Einflüsse hemmend oder fördernd auf die Gestaltung eines Produktionsprozesses einwirken, aber im Grunde genommen wird die Entwicklung einer wirtschaftlichen Tätigkeit auch durch wirtschaftliche Momente bedingt. Falsche politische Maßregeln können ein Unternehmen beinahe vernichten, ist aber seine wirtschaftliche Grundlage gesund, vermag es den Kampf mit seinen Konkurrenten auf Grund günstiger Produktionsbedingungen auf dem Markte zu bestehen, so wird es sich nach Beseitigung der hemmenden Schranken schnell wieder zu seiner früheren Höhe emporschwingen. Nachdem aber auch in Aachen die religiösen Streitigkeiten beigelegt, die politischen Verhältnisse geklärt waren, vermochte sich die Aachener Messingindustrie gegenüber der neu entstandenen Stolberger Konkurrenz nicht mehr zu behaupten. Meine Ansicht geht dahin, daß es gerade wirtschaftliche Momente waren, die die Wanderung der Aachener Messingindustrie nach Stolberg veranlaßten, daß es dasselbe Streben war, das heute noch die großen Industriewanderungen hervorruft, das Streben nach Produktivitätssteigerung durch Produktionsverbilligung, welches die für die Entstehung einer Messingindustrie notwendige Arbeits- und Kapitalkraft nach Stolberg führte. Jene Wanderung hätte auch stattfinden müssen, und hat es auch zum Teil, ohne jene religiösen Streitigkeiten, die schließlich zur Ausweisung der protestantischen Kupfermeister führten. Diese haben wohl das Tempo der Wanderung beschleunigt, haben wohl die Loslösung von der alten Produktionsstätte erleichtert, aber veranlaßt haben sie die Wanderung nicht. Worauf sich meine Ansicht stützt und wodurch die Wanderung hervorgerufen wurde, wird im folgenden darzulegen sein.

Wie schon erwähnt, befand sich im Westen von Aachen bei Moresnet ungefähr in gleicher Entfernung, wie die Stolberger Gruben im Osten, der an Galmeischätzen ungeheuer reiche Altenberg. Dieser Altenberger Galmei besaß vor dem Stolberger den Vorzug, daß er rein, ohne Beimischung mit anderen Erzen gefunden wurde, während die Stolberger Erze mit Unreinigkeiten, namentlich mit Bleiglanz und Eisen, durchsetzt waren. Diese Unreinigkeiten verringerten die Qualität des erzeugten Messings in bezug auf seine Bearbeitungsfähigkeit. Solange die Bearbeitung des gewonnenen Rohfabrikates mit der Hand erfolgte, mußte man dadurch eine möglichst große Bearbeitungsfähigkeit zu erzielen suchen, daß man alle eine solche beeinträchtigenden Unreinigkeiten vermied. Bis zur Nutzbarmachung der Wasserkraft für die Weiterverarbeitung des gewonnenen Rohmaterials konnte also der Stolberger Galmei für die Aachener Messingindustrie kaum in Betracht kommen. Sobald aber durch die mit Wasser getriebenen

Mühlenhämmer infolge der gesteigerten Kraftmenge auch die Verarbeitung weniger reinen Materials ermöglicht wurde, konnte der Stolberger Galmei stärker für die Messingindustrie herangezogen werden. Diese Nutzbarmachung ging jedoch nicht so weit, daß man ihn an Stelle des Altenberger Galmeis hätte verwenden können; jedoch konnte er in der Weise im Fabrikationsprozeß gebraucht werden, daß man durch Mischung von Altenberger mit dem weniger reinen, aber auch wohlfeileren Stolberger Galmei ein billigeres Rohmaterial herzustellen suchte. Die Verwendung derartiger Mühlenhämmer scheint in der Aachener Messingindustrie schon bald nach ihrem Entstehen im Jahre 1450 erfolgt zu sein, wie aus dem aus den Jahren 1510–21 stammenden Verbot des Aachener Rats, Tiefhämmer in der Fabrikation zu gebrauchen, hervorgeht[1]. Da die Tiefhämmer zur Verarbeitung des Messingblechs zu Kesseln, die Mühlenhämmer aber zur Herstellung des Blechs aus den Platten dienten, so stellten jene einen technischen Fortschritt gegenüber diesen dar. Man wird also wohl nicht fehlgreifen, wenn man die Anfänge der Verwendung der Mühlenhämmer bis in die letzten Jahrzehnte des 15. Jahrhunderts zurückdatiert. Zur selben Zeit beginnen aber auch die Aachener Messingfabrikanten Stolberger Galmei in stärkerem Maße zu gebrauchen, wie aus einem Mandement des Herzogs Philipp von Burgund aus dem Jahre 1497 deutlich hervorgeht[2]:

„daß seit einer gewissen Zeit her auf einigen Puncten rings um unser vorgenanntes Herzogtum von Limburg neue Galmeiberge gefunden und in Angriff genommen worden sind außerhalb unserer Grenzpfähle, und daß derselbe fremde Galmei auch von fremden Kaufleuten aufgekauft und im Handelsverkehr zum größten Teil unter unserem Namen und der Herkunftsbezeichnung unserer vorgenannten Berge unseres Lands von Limburg und anderwärts betrüglicherweise verkauft, verhandelt und unter unseren vorgenannten Galmei vermengt wird."

Da die Anwendung der Mühlenhämmer den Aachener Kupfermeistern gestattet war[3], diese aber eine außerordentliche Produktionssteigerung durch Verbilligung der Rohstoffe und Vermehrung der Quantität der Arbeitsprodukte in einer Zeiteinheit zur Folge hatte, mußte die junge Aachener Industrie sich der älteren niederländischen bald überlegen zeigen, da dieser der Gebrauch von Mühlenhämmern infolge des zünftlerischen Nahrungsprinzips bis zum Jahre 1643 verboten war[4]. Um die Industrie seines Landes zu stärken, räumte König Philipp II. den niederländischen Messingwerken für den Galmei-

---
[1] R. A. Peltzer a. a. O. S. 117.
[2] Ebenda S. 99.
[3] Den Grund hierfür siehe S. 16.
[4] R. A. Peltzer a. a. O. S. 117.

bezug außerordentliche Vorzugspreise ein. Während die Kupfermeister von Namur und Bouvignes für den Zentner Galmei nur 25 Stüber bezahlten, wurde den Aachener Kupfermeistern im Jahre 1592 der Galmei nur zu einem Preise von 83—84 Stüber pro Zentner geliefert[1]. Wollte sich diesen Maßregeln gegenüber die Aachener Industrie konkurrenzfähig erhalten, so mußten sie die hohen Bezugskosten durch stärkere Verwendung des billigen Stolberger Galmeis zu verringern suchen. Das war ihr möglich durch Verstärkung der Arbeitskraft der Mühlenhämmer mittels technischer Verbesserungen.

Ein weiterer Antrieb, sich immer mehr von dem Altenberger Galmei zu emanzipieren, war in den unregelmäßigen Lieferungen gegeben, die hervorgerufen wurden durch die in den Generalstaaten herrschenden Kriegsunruhen, infolge deren die Altenberger Gruben derart in Unordnung geraten waren, daß sie die zur Versorgung der niederländischen und Aachener Kupfermeisterzunft nötigen Erze nicht mehr fördern konnten. Obgleich nach dem Vertrage von 1611 Aachen jährlich 1 Mill. Pfund Galmei geliefert werden sollte, erhielt es wegen der neuen Erhebung der Aachener Protestanten nur 300 000 Pfd., da der Vertrag von Spanien infolge dieses Aufstandes einfach suspendiert wurde. Auch ein neuer Vertrag vom Jahre 1620 über 10 Mill. Pfd. auf 10 Jahre wurde wegen der neu ausgebrochenen kriegerischen Unruhen in den Generalstaaten nicht gehalten.

Die starken Schwankungen in den Lieferungen zeigen sich in folgenden Zahlen. Es bezog an Altenberger Galmei[2]:

Jahr	Aachen	Stolberg	Cornelimünster
1669	241 100 Pfd.	291 007 Pfd.	28 900 Pfd.
1670	643 500 „	611 300 „	45 900 „
1671	479 400 „	517 100 „	6 520 „
1672	414 500 „	385 900 „	38 200 „
1673	490 900 „	417 800 „	50 900 „
1674	204 800 „	289 800 „	25 000 „
1675	312 700 „	287 000 „	9 100 „

Alle diese Momente führten zu einer immer stärkeren Inanspruchnahme des Stolberger Galmeis. Sie konnten aber nicht seinen ausschließlichen Gebrauch bewirken, da der Altenberger Galmei zur Herstellung einer Qualitätsware unbedingt notwendig war. Wie weit sich das Mischungsverhältnis im Laufe der Zeit verschob, geht daraus hervor, daß im Jahre 1773 für 100 Öfen nach Jacobi 800 000 Pfd. Altenberger Galmei und 2 640 000 Pfd. Stolberger verwandt wurden; dagegen wurden 1648 noch für jeden Ofen in Aachen 20 000 Pfd.,

---

[1] R. A. Peltzer a. a. O. S. 92.
[2] Ebenda S. 135 Anm. 4.

macht für 100 Öfen also 2 000 000 Pfd., Altenberger Galmei gebraucht[1]. Nehmen wir nun den jährlichen Gesamtverbrauch für 100 Ofen nach der Jacobi'schen Aufstellung mit 3 440 000 Pfd. an, womit auch die Schätzung der Brüsseler Regierung aus dem Jahre 1648, die den Gesamtverbrauch eines Ofens auf 30 000 Pfd. schätzt, ungefähr übereinstimmt[2], so erhalten wir für dieses Jahr, einen Höchstverbrauch von 1 440 000 Pfd. Stolberger Galmeis für 100 Öfen; für die Jahre 1648—1773 also eine Steigerung von 83 % zugunsten des Stolberger Galmeis. Um die Mitte des 16. Jahrhunderts aber wird der Anteil des Stolberger Bodenfaktors am Aachener Produktionsprozeß noch geringer gewesen sein.

Hat nun der Stolberger Galmei die Wanderung veranlassen können?

Diese Frage ist zu verneinen, weil eine Wanderung aus diesem Grunde mit wirtschaftlichen Nachteilen verbunden gewesen wäre. Sie hätte die Produktionskosten nicht vermindert, sondern infolge der Steigerung der Transportkosten vermehrt. Die Transportkosten aber mußten größer werden, weil die Aachener Kupfermeister in der Lage waren, Stolberger Galmei mindestens ebenso billig zu beziehen, wie die Stolberger, da das reichste der hier unter dem Namen Stolberger Gruben aufgeführten Erzbergwerke, der Herrenberg, zwischen Aachen und Stolberg lag und sogar noch zum Aachener Reich gehörte. Der Bezug von anderen Stolberger Quellen aber war mit fast gleichen Transportkosten verbunden, wie der vom Aachener Herrenberg. Dagegen besaß Aachen beim Transport des Altenberger Galmeis eine Vorzugsstellung, da Aachen den Altenberger Gruben mindestens 10 km näher lag, als Stolberg. Dieser Umstand mußte vielmehr zentrifugal, statt anziehend wirken, da er das Bestreben zeigen mußte, Arbeitskraft und Kapital in der Mitte zwischen den beiden Rohstoffquellen zu halten. Dieses Zentrum aber wurde gebildet durch die freie Reichsstadt Aachen.

Auch der zweite Rohstoff, das Brennmaterial, konnte eine überlegene Anziehungskraft nicht ausüben. Als solches kamen Holz, Holz- und Steinkohle in Betracht. Nach Jacobi wurden für einen Ofen jährlich „10 Karren zu 6 Maß" Holzkohlen und 100 einspännige Karren Steinkohlen, ferner 100 Klafter Holz und 3000 Schanzen gebraucht. Außerdem kamen noch für die 30 in und bei Stolberg vorhandenen Tiefmühlen zum Ausglühen der Kessel jährlich 150 Karren für jede Kesselmühle hinzu.

Wenn man nun bedenkt, daß die Gebrauchsfähigkeit der Steinkohle im 15. und 16. Jahrhundert sicherlich eine viel

---

[1] R. A. Peltzer a. a. O. S. 135.
[2] Ebenda S. 136.

geringere gewesen ist als im 18. Jahrhundert, so daß also ein noch geringeres Quantum, als oben angegeben wurde, in Betracht kam, muß man ohne weiteres zugeben, daß eine große Anziehungskraft der Steinkohle nicht vorhanden sein konnte. Abgesehen davon, daß das Aachener Reich selbst Steinkohlengruben in hinreichender Menge besaß, war auch in dem Holzreichtum der Aachener Gegend ein genügender Ersatz gegeben. Wie wenig Beachtung der Aachener Rat den Kohlenfeldern des Herzogtums Jülich bei Eschweiler schenkte, geht aus dem Umstande hervor, daß er während seiner Streitigkeiten mit dem Herzog von Jülich im Jahre 1552/53 die Einfuhr fremder Kohlen einfach verbot[1].

Also auch hier kein wirtschaftliches Moment, welches jene Wanderung im 16. Jahrhundert erklären könnte. Es bleibt noch zu untersuchen, ob die in Stolberg vorhandenen Wasserkräfte und die Beschaffenheit seiner wirtschaftlich-rechtlichen Institutionen sie haben veranlassen können. —

Wie schon gezeigt, geht die Verwendung der Wasserkraft in das 15. Jahrhundert zurück. Während aber der Gebrauch der Mühlenhämmer, die zur Verarbeitung der Platten zu Blech dienten, den Aachener Kupfermeistern gestattet war, waren die Tiefhämmer zur Weiterverarbeitung des Blechs schon im Anfange des 16. Jahrhunderts aus sozialpolitischen Gesichtspunkten heraus durch den Aachener Rat verboten worden. Da die Erfindung der Mühlenhämmer in die Entstehungszeit der Aachener Messingindustrie zurückreicht, in eine Zeit, in der die Zahl der Zunftmitglieder noch klein und einer starken Ausdehnung fähig war, ohne daß der Nahrungsspielraum des einzelnen wesentlich beschränkt worden wäre, lag keine Veranlassung vor, die durch sie erzielte Produktionsverbilligung, die der jungen Aachener Industrie im Kampfe mit der niederländischen sehr zu statten kommen mußte, zu verhindern, zumal der Absatz sich der Natur des Gewerbes gemäß nicht auf einen lokalen Markt beschränken konnte.

Anders verhielt es sich mit dem Gebrauch der Tiefhämmer. Da zur Beschaffung der Rohmaterialien, der Hütten- und Mühlenanlagen, der Werkzeuge usw. ein für die damalige Zeit ganz beträchtliches Kapital notwendig war — Noppius spricht von 100 Rthlr. täglich außer den Anlagekosten —, konnten für die eigentliche Messingerzeugung nur die kapitalkräftigsten Elemente der Zunft in Betracht kommen. Aus diesem Grunde vollzog sich schon früh in der Zunft eine Arbeitsteilung, die den wohlhabenden Mitgliedern die Erzeugung des Rohmaterials und Halbzeugs, Draht und Blech, den ärmeren Schichten die Herstellung der Fertigfabrikate überließ. Diese Arbeitsteilung

---

[1] Schué, Der Eschweiler Kohlenbergbau, in der Festschrift des Eschweiler Gymnasiums, 1905, S. 98.

war allerdings nicht streng durchgeführt, da auch die Halbzeugfabrikanten in ihren Werkstätten durch Gesellen und unselbständige Meister Fertigfabrikate herstellen ließen. Sobald letztere aber in den Besitz eines kleinen Kapitals gelangt waren, ließen sie sich als selbständige Meister nieder, bezogen Blech und Draht von den eigentlichen Messingfabrikanten und stellten daraus Fertigfabrikate her. Die Arbeitsteilung bildete sich mit der Zeit immer mehr aus, bis sie im Jahre 1678 auch offiziell durch Gründung einer besonderen Keßlermeisterzunft anerkannt wurde[1]. Wäre nun den oberen Schichten der Zunft der Gebrauch von Tiefhämmern gestattet worden, so wäre den kleinen Meistern die Möglichkeit einer selbständigen Betätigung ihres Handwerks genommen, es wäre ihnen der lokale Markt, auf den sie hauptsächlich angewiesen waren, entzogen worden, da ihre bevorzugten Zunftgenossen infolge der durch die Tiefhämmer bewirkten Produktionsbeschleunigung die Fertigfabrikate billiger liefern konnten. Durch dieses Ratsverbot war den Kupfermeistern, die wegen ihres weit entlegenen und ausgedehnten Absatzgebietes weitsichtige, großzügige Kaufleute sein mußten, die Möglichkeit der Verbilligung durch Mechanisierung des Fertigfabrikationsprozesses auf dem Aachener Gebiet unmöglich gemacht. War aber das Streben nach Produktionsverbilligung vorhanden, und dies war der Fall, wie aus dem Verbot der Tiefhämmer hervorgeht, so konnte der Realisierungstrieb durch ein einfaches Dekret nicht beschränkt werden. Dazu hätte es unüberwindlicher technischer und wirtschaftlicher Schwierigkeiten bedurft, die jedoch nicht existierten. Das Verbot hatte einfach den Versuch der Umgehung zur Folge. Eine solche war möglich, wenn man die Tiefmühlen innerhalb der Machtsphäre eines anderen Rechtsverbandes errichtete, der kein Interesse daran hatte, die gewerbliche Produktion durch zünftlerische Vorschriften zu binden. Dazu eignete sich vor allem das Stolberger Wirtschaftsgebiet. Dieses gehörte zwei verschiedenen voneinander unabhängigen politischen Körperschaften an, zum Teil der Abtei Cornelimünster, zum Teil dem Herzogtum Jülich. Diese verschiedene politische Untertanenschaft mußte die wirtschaftliche Bindung eines Gewerbes außerordentlich erschweren, wenn nicht gar unmöglich machen, da eine Interessengemeinschaft in dieser Beziehung zwischen den zwei in Frage kommenden Verbänden nicht so leicht denkbar war. Nimmt man aber auch die Einheitlichkeit der politischen Zugehörigkeit an, so konnte in Stolberg die Notwendigkeit des Tiefhammerverbotes dennoch nicht gegeben sein, da dort keine Keßlermeister zu beschützen waren. Selbständige Keßlermeister aber konnten sich in Stolberg nicht niederlassen, weil diese auf einen ziemlich großen lokalen Markt angewiesen waren, den es dort

---

[1] R. A. Peltzer a. a. O. S. 78.

nicht gab. Sie hätten also ihre Erzeugnisse auf den Aachener Markt bringen müssen, der ihnen nach einer eventuellen Auswanderung vom Aachener Rat sicherlich verschlossen worden wäre. **Die wirtschaftlich-rechtlichen Eigentümlichkeiten des Stolberger Wirtschaftsgebietes**, worunter

1. die verschiedene Zugehörigkeit zu politischen Gemeinschaften und der dadurch bedingte Mangel einer wirksamen, einheitlichen Autorität, welche die absolute Durchführung zünftlerischer Bestimmungen hätte garantieren können, und

2. die mangelnde Notwendigkeit des Schutzes öffentlicher Interessen gegenüber den Privatvorteilen der Kupfermeister

zu verstehen sind, in **Verbindung mit den in Stolberg vorhandenen Wasserkräften der Vicht und des Münsterbaches**, waren es, die den Aachener Kupfermeistern die Mechanisierung der Fertigfabrikation unter Umgehung des Ratsverbots ermöglichten.

Infolge der Verwüstung der Maasgegend, der Eroberung und Zerstörung Dinants und Lüttichs 1466, 1468 und 1554 hatte eine Anzahl niederländischer Messingfabrikanten ihr Vaterland verlassen und sich in Aachen angesiedelt. Da sich, verlockt durch den reichen Gewinn, auch manche vornehme Aachener Patrizierfamilie dieser Beschäftigung zugewandt hatte, war die Zahl der Messingfabrikanten bis zum Jahre 1559 auf 68 angewachsen, für die über 100 Schmelzöfen tätig waren[1]. Ungefähr die gleiche Anzahl Mühlenwerke war zur Verarbeitung der Platten zu Blech erforderlich. Diese aber bedurften starker Wasserkraft, die die Aachener Bäche allein nicht mehr zu liefern vermochten. Daher mußten sich die dortigen Kupfermeister nach anderen Kraftquellen umsehen, die nur außerhalb Aachens zu suchen waren. Als solche kamen in Betracht der Vicht- und Münsterbach, die Inde und der Wehebach, von denen die beiden ersteren als die Aachen zunächst gelegenen am meisten anziehen mußten.

Weiterhin brachte das Anwachsen der Zunft die Gefahr eines Übergangebotes auf dem Markte mit sich und damit die Möglichkeit, daß sich auch in den oberen Schichten der Zunft die Konkurrenz drückend bemerkbar machte. Dieser Gefahr mußte die Zunft vorbeugen, indem sie

1. die Zulassung erschwerte,
2. das Produktionsquantum der einzelnen Mitglieder beschränkte.

Die erste Möglichkeit traf vor allem die Gesellen und outsiders, während von der zweiten gerade die tüchtigsten und kapitalkräftigsten Ambachtsgenossen betroffen wurden. Die Bestimmung der Zunftordnung vom Jahre 1550, „daß kein Meister mit mehr als 2 Öfen arbeiten dürfe"[2], hatte ebenfalls

---

[1] R. A. Peltzer a. a. O. S. 135.
[2] Ebenda S. 81.

nur den Versuch der Umgehung zur Folge. Einmal geschah dies dadurch, daß man die Handwerksgerechtigkeit für noch minderjährige Söhne zu erlangen suchte, anderseits dadurch, daß man auch die Öfen auf einem anderen Rechtsgebiete errichtete. Daß dieser zweite Weg beschritten wurde, dafür zeugen weitere im späteren Zusammenhang noch zu erwähnende Ratsverbote, die Entstehung von Messingwerken um diese Zeit in Stolberg und auch der Umstand, daß, nachdem ein Ratsbeschluß von 1561 den ersten Weg ebenfalls verboten hatte, 1562 den Kupfermeistern, „welche bereits die Gerechtigkeit für ihre minderjährigen Söhne erworben hatten, das Recht zugestanden wurde, mit vier Öfen zu arbeiten"[1].

Daß die im vorstehenden geschilderte Umgehung durch Anlage von Messingwerken in und bei Stolberg tatsächlich stattgefunden hat, geht klar und deutlich aus dem Zunftstatut vom Jahre 1548 und einer Klageschrift des Herzogs von Jülich an den Kaiser hervor. In dem Zunftstatut heißt es:

„Und weiters nun hinfur en sal auch niemand **inniche keßlen** und dergleichen kupferwerck, **so mit dem waßer- und mullenwerck außerhalb der stattgebiets** und uf frembden orteren gemacht und bereit, hierbinnen bringen, verhanteren, gelden noch verkauffen, sundern sal't berurt guet als untuglich und unbequeme alhie verbant sein. Und welcher dargegen bruchtig befunden, sal er onachließlicher pene und straf des rahts gehalden werden"[2].

Und in der Klageschrift an den Kaiser heißt es 1562:

„daß der Rat verboten habe kupferwerck, so in (seinem) fürstentumb und landen und sonst auf etliche meil wegs bei der statt Ach bereit wirdet, zu kauffen[3]."

Aus diesen Urkunden aber ergibt sich,

1. daß außerhalb der Stadt Aachen nicht nur Messingwerke, sondern auch die in Aachen verbotenen Tiefhämmer existierten, daß also dort eine Produktivitätssteigerung in der Messingindustrie durch Kombination der Halbzeug- mit der Fertigfabrikation unter gleichzeitiger Mechanisierung des letzteren Produktionsprozesses, die in Aachen nicht möglich war, bereits stattgefunden hatte, und

2. daß sich diese Messingwerke im Herzogtum Jülich und „sonst auf etliche meil wegs bei der statt Ach" also in einem anderen Rechtsgebiet, worunter nur die Abtei Cornelimünster verstanden sein kann, befanden. Da sich damit aber der Ausdruck „Herzogtum Jülich" auf das Gebiet beschränkt, welches wir hier unter dem Begriff Stolberger Wirtschaftsgebiet zusammengefaßt haben, so kann oben erwähnte Produktivitäts-

---

[1] R. A, Peltzer a. a. O. S. 81.
[2] Ebenda S. 198.
[3] Ebenda S. 118.

steigerung nur in der Stolberger Messingindustrie stattgefunden haben. Da die erste Austreibung protestantischer Familien aus Aachen erst im Jahre 1598 erfolgte, seit der Mitte des 16. Jahrhunderts die Anhänger der neuen Lehre aber meistens die Oberhand in Aachen hatten, kann für die Entstehung der Messingwerke in Stolberg von 1497—1598 kein religiös-politischer Grund in Betracht kommen. Für diese Wanderungen waren rein wirtschaftliche Erwägungen maßgebend, die sich in dem Streben nach Produktionssteigerung und Produktionskostenverbilligung äußerten.

Die anziehenden Eigenschaften des Stolberger wurden unterstützt durch abstoßend wirkende Momente des Aachener natürlichen Produktionsfaktors. Wie schon gesagt, hat man diese in dem religiös-politischen Wirrwar zu finden geglaubt, der seit dem Jahre 1575 immer größeren Umfang annahm und nach kurzer protestantischer Herrschaft mit der Austreibung vieler protestantischer Familien im Jahre 1598 endete; diese Ausweisungen zogen sich durch das ganze 17. Jahrhundert hin.

Daß aber dieses Moment nicht immer das wichtigste, vor allem aber nicht das einzige gewesen ist, welches die erwähnten Wanderungen veranlaßt hat, wird uns bei einer etwas tieferen Untersuchung klar werden. Diese ist um so notwendiger, als schon ein Zeitgenosse erkannt hatte, daß diese Wanderungen aus den verschiedensten Ursachen heraus erfolgt sind. Dieser Zeitgenosse ist der Prediger Wennengius, der über die Auswanderungen von 1645—1693 ein genaues Verzeichnis geführt hat, welches 1906 von Macco veröffentlicht wurde. Schon in der Einleitung heißt es dort:

„Specification der Familien und Hausgesinden, welche binnen der Stadt Aachen und zu Burtscheid als eingeborene und Ingesessenen wohnhaftig, ihre Domicilien und Wohnung transportirt und sich anderwertshin haben begeben, allermeist darzu gedrungen durch bittere Verfolgungen wegen der Evangelischen Reformirten Religionsstandhaften Bekenntnis und Versperrung der ehrl. bürgerlichen Nahrung und Handwerken etc."[1].

Da nur diejenigen Auswanderungen in Betracht kommen, welche Stolberg kapitalkräftige Arbeitskräfte zuführten, dürfte der Ausgangspunkt für eine derartige Untersuchung am besten in einem Verzeichnis der Stolberger Kupfermeister aus dem Jahre 1667 gegeben sein[2]. Von den dort aufgeführten 33 Kupfermeistern gehörten 11 der Familie Peltzer an, die alle von Matheis Peltzer dem Alten abstammen. Obgleich dieser ein Sohn des Bürgermeisters Matheis Peltzer war, gab

---
[1] H. F. Macco, Protestantische Emigranten aus der zweiten Hälfte des 17. Jahrhunderts, 1906 S. 2.
[2] R. A. Peltzer a. a. O. S. 233 ff.

er das Aachener Bürgerrecht auf, so daß er sich in einem Rechtsstreit aus dem Jahre 1591 als Cornelimünsterischer Untertan bezeichnen konnte[1]. Daß auch die Familien Beck und Schleicher zum Teil schon vor dem Jahre 1598 in Stolberg ansässig gewesen sind, geht aus dem Umstande hervor, daß schon im Jahre 1583 Gerlach Beck und Leonhard Schleicher als Schöffen des Stolberger Gerichtes erwähnt werden[2]. Dieser Leonhard Schleicher war im Jahre 1575 nach Stolberg ausgewandert und hatte dort einen Kupferhof angelegt. Bald darauf baute er mit seinen fünf Söhnen weitere vier bis fünf „der Messingindustrie dienende Höfe"[3]. Daß auch schon vor dem Jahre 1567 Kupfermeister in Stolberg wohnten, geht aus einer Ergänzungsbestimmung des Aachener Rats zur Zunftordnung aus dem Jahre 1567 hervor. Dort heißt es:

„Im iahr etc. . . . ist ein erbar raht einhellig entschlossen, wie folgt: Alhsdan uber etliche mängel und beschwernus, so den kupferschlegeren alhie von den frembden **oder umb der statt gebiet gesessen kupferschlegeren** zu abbruch und schwechung der narung zugefoecht werden etc."[4].

Zu diesen „kupferschlegern" gehörten vor allem die Familien Mondenschein, Momma, Petz & Binsfeld. Für die Auswanderungen vor dem Jahre 1598 können die religiösen Streitigkeiten als ursächliches Moment nicht in Betracht kommen. Dieses bildete vielmehr die ungünstige Beschaffenheit des Aachener natürlichen Produktionsfaktors als Träger eines die Produktivitätssteigerung hindernden Wirtschaftsprinzips.

Von Matheis Peltzer d. A. war zuerst eine starke Betriebssteigerung durchgeführt worden. Seit der Mitte der 80er Jahre betrieb er die Messingfabrikation auf dem Ischenberg bei Eschweiler, seit 1587 auf der neuen Ellermühle in Stolberg, nachdem er die alte Ellermühle schon früher erworben hatte; 1592 baute er die Hammmühle. Diese Betriebskonzentration wurde von seinen Söhnen durch Bau neuer Anlagen des Jordans, der Mallitzmühle bei Wenau usw. und durch Ankauf schon bestehender Werke zielbewußt fortgeführt. Nach ihrem Tode zerfiel sie wieder, da die Anlagen unter die einzelnen Erben verteilt wurden. Dadurch erklärt sich auch die starke Anteilnahme der Familie Peltzer am Stolberger Produktionsprozeß. Trotzdem wanderten einzelne Nachkommen Matheis Peltzers, obwohl in Stolberg geboren, durch Heirat mit Aachener Bürgertöchtern dazu veranlaßt, nach

---

[1] Näheres siehe in dem am Schluß dieser Arbeit befindlichen Exkurs.
[2] H. F. Macco, Genealogie. a. a. O. S. 185.
[3] Schleichersche Jubiläumsschrift zur Feier des 330 jährigen Bestehens der Messingfabrik, 1905.
[4] R. A. Peltzer a. a. O. S. 201.

Aachen zurück, so z. B. Johann Peltzer und Diederich Peltzer[1]. Sie und ihr Oheim Jacob Peltzer fielen der religiösen Intoleranz zum Opfer und kehrten 1652 und 1653 nach Stolberg zurück. Das gleiche war meiner Ansicht nach der Fall bei den Familien Blanche, Thielen, Simon, von Asten und einzelnen Mitgliedern der schon früher erwähnten Familien.

Michael Schauff und Laurenz Lynen wanderten, wie jenes schon erwähnte Verzeichnis des Predigers Wennengius[2] berichtet, 1656 nach dem Aachener Stadtbrand, der den größten Teil Aachens und damit auch die Werkstätten der Messingfabrikanten in Asche legte, aus. Es heißt dort:

„1656 seind nach dem Brand der Stadt Aachen (2. Mai) hinweggezogen mit ihren Familien etc.".

Als viertes Moment kommt dann noch die Einheirat Aachener Bürger in Stolberger Kupfermeisterfamilien in Betracht. Hierdurch kamen nach Stolberg:

1. Adam Thiens durch seine Heirat mit Gertrud Beck, der Witwe von Matthias Peltzer d. J., auf die hintere Ellermühle. Sein Vater war Besitzer der Pletschmühle in Aachen und kommt noch 1663 in Aachen vor[3].

2. Isaac Lynen durch seine Heirat mit der Tochter des Kupfermeisters Abraham Schleicher, Johanna. Er war ein Sohn des Aachener Weinhändlers Laurenz Lynen, erlernte das Messinghandwerk und heiratete im Alter von 24 Jahren nach Stolberg. Von ihm stammen die im Jahre 1667 erwähnten Messingfabrikanten Laurenz Lynen jünger und Abraham Lynen ab[4].

3. Peter Mewis, 1630 in Aachen geboren, vermählte sich im Alter von 26 Jahren zu Stolberg mit Agnes Peltzer. Er selbst wird noch nicht als Messingfabrikant erwähnt, wohl aber im Jahre 1698 sein Sohn Johann[5].

4. Auch Gotthardt Schardinel scheint durch seine Heirat mit Katharina Peltzer 1660 nach Stolberg gekommen zu sein. Da er 1632 geboren ist, müßte seine eventuelle Ausweisung nach 1645 erfolgt sein. Sein Name findet sich aber nicht in dem Verzeichnis des Predigers Wennengius.

Obige Untersuchung zeigt, daß als abstoßende Kräfte Aachens im wesentlichen vier Momente in Betracht kommen. Davon sind zwei rein äußerliche, nämlich der Aachener Stadtbrand und die Einheirat Aachener Bürgersöhne in Stolberger Kupfermeisterfamilien. Daneben laufen zwei geistige Strömungen, die eine auf wirtschaftlichem, die andere auf religiösem Gebiet. Diese zwei Geistesrichtungen, die auf den

---

[1] H. F. Macco, Genealogie, a. a. O. S. 152 u. 221.
[2] H. F. Macco, Emigranten, a. a. O. S. 6.
[3] H. F. Macco, Genealogie a. a. O. S. 185/186.
[4] Ebenda S. 168.
[5] Ebenda S. 293.

ersten Blick auch nicht die geringste Verwandtschaft zu zeigen scheinen, entstammen nichtsdestoweniger derselben psychologischen Quelle: dem Kampfe des erwachenden Individualismus gegen das kollektivistische Gedankenleben des Mittelalters. Das Erwachen des Individualismus auf religiös-geistigem Gebiet führte im Protestantismus zur Reaktion gegen das kollektivistisch-religiöse Denken des Katholizismus, der Individualismus auf wirtschaftlichem Gebiete aber führte im wirtschaftlichen Liberalismus zur Reaktion gegen den Kollektivismus der Zunft und des Stadtregiments. Wer aber auf dem einen Gebiet der neuen Denkart folgte, der mußte es konsequenterweise auch auf dem anderen, und daraus erklärt sich einerseits der Umstand, daß sich gerade aus der Kupfermeisterzunft viele Angehörige der neuen Lehre zuwandten, anderseits die Tatsache, daß die Stolberger Kupfermeister ausnahmslos Protestanten waren. In den evangelischen Mitgliedern des Aachener Kupfermeisterambachts vereinigten sich diese eben geschilderten Geistesströmungen allerdings mit verschiedener Stärke. Diejenigen, bei denen die wirtschaftliche Denkungsart vorherrschte, verließen die Stadt, weil sie fühlten, daß sie noch zu schwach seien, um den Kampf gegen die Zunft in Aachen selbst aufzunehmen; sie zogen aus und suchten sich ein neues Arbeitsfeld in und bei Stolberg, ein Arbeitsfeld, das nicht bessere und nicht schlechtere Produktionsbedingungen aufwies, als das ehemalige Produktionszentrum. Und wenn in der Folgezeit die Stolberger Messingindustrie den Sieg über die Aachener davongetragen hat, so bedeutet dies im Grunde genommen nicht den Erfolg der besseren über die schlechtere Produktionsstätte, sondern den des jungen Wirtschaftsprinzips, des Liberalismus, über das alte, den Zunftzwang. Jene aber, bei denen das religiöse Moment überwog, fühlten sich stark genug, den Kampf innerhalb der Mauern Aachens auszutragen, bis sie in diesem Streite unterlegen, freiwillig oder gezwungen Aachen verließen, um sich ihren Gesinnungsgenossen im Stolberger Tal anzuschließen und den wirtschaftlichen Kampf führen zu helfen.

Versucht man nun die Beantwortung der ersten Hauptfrage nach dem Anteil der einzelnen Produktionsfaktoren am Produktionsprozeß, so ist festzustellen, daß die Vorteile der Stolberger Unternehmungen beruhten:

1. **auf der günstigen Beschaffenheit des Stolberger Bodenfaktors als Galmeifundort.** Dadurch waren sie

a) allen Unternehmungen überlegen, die in der Nähe von Kupferfundorten errichtet wurden;

b) allen solchen, die nicht in der Lage waren, sich einen ebenso guten Galmei, wie der Altenberger es war, zu ähnlichen Bezugsbedingungen zu verschaffen. Sie teilten diesen Vorteil mit der niederländischen und Aachener Messingindustrie.

2. **auf der unbegrenzten Anwendungsmöglichkeit des Kapital- und Arbeitsfaktors**, wodurch sie eben genannten Konkurrenzindustrien überlegen waren, da sie infolgedessen

a) eine beliebige Produktionssteigerung und damit eine Verbilligung der Halbfabrikate herbeiführen konnten und

b) durch Mechanisierung des Fertigfabrikationsprozesses auch eine Verminderung der Herstellungskosten dieser Artikel zu erzielen imstande waren.

II. Veränderungen in der Anteilnahme der einzelnen Produktionsfaktoren am Produktionsprozeß.

A. Folgen des liberalen Wirtschaftsprinzips.

Die Folgen der geschilderten Verhältnisse zeigten sich einmal an den Konkurrenzindustrien, an der niederländischen und Aachener Messingindustrie, anderseits an der Entwicklung der Stolberger Unternehmungen. Bis zum Jahre 1600 war die niederländische Industrie durch die Konkurrenz Aachens und Stolbergs fast vollständig vernichtet. Trugen hierzu auch vielfach die politischen Wirren des 16. Jahrhunderts in den Niederlanden bei, so lag doch der Hauptgrund für diesen Rückgang in dem technischen und wirtschaftlichen Stillstand der dortigen Messingindustrie. Dies erkennt auch die Konzessionsurkunde Philipps IV. zur Anlage von 6 Mühlenhämmern 1643 an:

„l'ingénie et l'érection de quelques moulins à l'eau, survenue en quelques villes estrangères, a tellement reculé la vogue et cours, que les dicts ouvraiges avoient du passé, et fil à fil et par succession de temps ils sont estéz enthièrement ruynéz, voires en telle sorte qu'il n'y en reste quasy point aulcuns vestiges etc.[1]."

Das gleiche Schicksal erlitt die Aachener Messingindustrie durch die neu entstandene Stolberger. Wie sehr und schnell sie zurückging, geht aus folgender Tabelle hervor:

Jahr	Zahl der Öfen	Produktion
1559	100 und mehr	30 000 Ztr.
1648	50	10 000 „
1663	15	4 500 „
1691	10	3 000 „
1707	6	1 800 „

1691 heißt es: „In der Stadt seien nur noch 10—11 Kupfermeister, die meist nur mit einem Ofen oder gar nicht arbeiteten, während man vorher 20—30 gezählt habe. In Stolberg dagegen wirkten ungefähr 40 Meister zum Teil mit 6—8 Öfen[2]".

---

[1] R. A. Peltzer a. a. O. S. 117 Anm. 2.
[2] Ebenda S. 168 Anm. 3.

Die Ursachen dieser Entwicklung sind in der im vorigen Kapitel geschilderten Überlegenheit des Stolberger Produktionsprozesses gegeben. Man findet dies klar in der Antwort der Aachener Keßlermeisterzunft auf ein Ratsverbot aus dem Jahre 1666 ausgesprochen: „dahs sie gewiß lieber ihr Geld den Aachenern statt den fremden Stolbergern zutrügen; aber jene könnten ihnen nicht **genügend** Collnische Kesseln liefern und verlangten zudem **höhere** Preise [1]."

Demgegenüber nahm die Stolberger Messingindustrie mehr und mehr zu; ja nach und nach erlangte sie geradezu eine monopolartige Stellung auf dem Markte. Es betrug':

im Jahre	die Zahl der Öfen	die Produktion
1648	65	19 500 Ztr.
1663/91	93	28 000 „
1726	200	60 000 „
1750	150	40 000 „
1773	100	31 000 „
1804	150	40 000 „

Daneben machten sich in der Stolberger Messingindustrie alle Begleiterscheinungen des individualistischen Wirtschaftsprinzips geltend. Sie äußerten sich zunächst in der sozialen Scheidung von Arbeiter und Unternehmer, die zwar schon in Aachen einsetzte, aber infolge der ausgleichenden Institutionen des Zunftwesens nicht so stark in die Erscheinung trat. War den Gesellen auch praktisch der Übergang zum Kupfermeisterstand wegen der hohen Anforderungen, die an ihre Kapitalkraft gestellt wurden, fast unmöglich, so konnten sie doch durch Erlangung des Keßlermeisterbriefes eine gewisse Selbständigkeit erlangen. In Stolberg aber war ein derartiger sozialer Aufstieg nicht möglich, weil dort, wie schon früher ausgeführt wurde, derartige Meister nicht existieren konnten. Zudem war in Aachen die Erwerbung einer besseren Stellung abhängig von der Erfüllung der Zunftvorschriften (Lehrjahre, Meisterstück, Zahlung der Gebühr), also von der Gesamtheit der Organisation, in Stolberg aber von der Anerkennung der Leistungen durch den Unternehmer; dabei trat natürlich die Abhängigkeit des Arbeiters viel krasser zu Tage. Waren die Arbeiter einerseits abhängiger, so waren sie anderseits auch freier geworden. Alle Bestimmungen der Aachener Zunft, welche die Bewegungsfreiheit der Knechte hemmten, und deren enthielt das dortige Zunftstatut eine ganze Menge, waren für den Stolberger Arbeiter nicht vorhanden. Hier konnte der Knecht sich seinen Arbeitgeber frei wählen; auch war er nicht behindert bei einer etwa neu entstehenden Konkurrenzindustrie in Arbeit zu treten, um die erworbenen Kennt-

---

[1] R. A. Peltzer a. a. O. S. 163.

nisse dort zum Schaden des Stolberger Produktionsprozesses zu verwerten.

Durch die guten Stolberger Produktionsbedingungen angelockt, konnten sich bei günstigen Konjunkturverhältnissen Fremde ohne weiteres im Stolberger Tal niederlassen und dort Messingwerke errichten, die „wan der handel in etwa hoffenung zur besserung gezeigt, sich hervorgetan, mit vielen offens und mühlens gearbeitet, das profit hinweg getragen, nachgehendts aber, wan sie ihr begnügen gehabt, den handel unter die fühs gebragt, selbigen in obbemeltem bezirk verlasen und in andern länder (wie mehr dan zu viel geschehen) verpflanzet" etc.[1]).

Eine derartige Betriebsvergrößerung wurde vielfach auch von einheimischen Kupfermeistern vorgenommen, so z. B. von Heinrich Peltzer auf dem Hammer, der nach Macco[2] ein Betriebskapital von 20000 Rthlr. nötig hatte und ständig 6 Kupfermühlen und 6—7 Schmelzöfen in Betrieb hatte. Gotthardt Schardinel, einer der reichsten Stolberger Kupfermeister des 17. Jahrhunderts, besaß sogar 20 Schmelzöfen[3]. Daß das für eine derartige Betriebsvergrößerung nötige Kapital nicht immer aus dem Vermögen des Unternehmers bestand, geht aus einer anderen Stelle des Stolberger Zunftstatuts hervor. „Nachdem die tägliche Erfahrung bezeuget hat, das bishero einige kupfermeistern auf ihren namen zwrar, jedoch für andere frembde oder doch zum wenigsten in compagnia mit anderen frembden die öffen brennende gehalten haben, welches ein gantz schädliches und dem kupferhandel zum höchsten nachteiliges werk ist" etc.[4].

Diese Betriebssteigerung entsprach zwar dem Geiste des wirtschaftlichen Liberalismus, aber sie fand einen starken Gegner an dem Familiensinn, der sich im Laufe des 17. Jahrhunderts infolge der in dieser Zeit stattgefundenen Verschwägerungen entwickelt hatte. Hielt dieser Familiensinn es einerseits für verwerflich, daß ein Verwandter sich auf Kosten der anderen bereicherte und ihnen die Existenzbedingungen untergrub, so glaubte er anderseits an sein gutes Recht, das Familienmonopol

1. innerhalb des Stolberger Produktionsbezirkes und
2. auf dem Markte

mit allen Kräften aufrecht erhalten zu dürfen. Zu diesem Zwecke mußten Vorschriften geschaffen werden, die

1. die Niederlassung Fremder in Stolberg verhinderten,
2. die Auswanderung der Arbeiter in Gegenden mit Konkurrenzunternehmungen unmöglich machten,

---

[1] R. A. Peltzer a. a. O. S. 226.
[2] H. F. Macco, Genealogie, a. a. O. S. 183.
[3] Ebenda S. 191.
[4] R. A. Peltzer a. a. O. S. 226.

3. eine zu starke Betriebsvergrößerung einzelner Kupfermeister hintertrieben.

Auch mußte eine Autorität gefunden werden, welche über die Befolgung der Bestimmungen wachte. Die einzig mögliche Form für derartige Vorschriften war das Zunftstatut. Daher legten im Jahre 1667 33 Stolberger Kupfermeister dem Herzog von Jülich ein solches zur Genehmigung vor.

Es ist ein Irrtum Peltzers, wenn er das vom Herzog von Jülich im Jahre 1667 genehmigte Zunftstatut gewissermaßen als Schlußstein des Entstehungsprozesses der Stolberger Messingindustrie ansieht. Es bildet vielmehr nur den Versuch einer Reaktion gegen die üblen Begleiterscheinungen des wirtschaftlichen Liberalismus. Ein Versuch konnte es aber auch nur bleiben, weil das Statut auf dem Familiensinn der einzelnen Kupfermeister und auf der Autorität des Herzogs von Jülich basiert war. Der Familiensinn mochte vielleicht in der ersten Generation die einzelnen noch zu einer Schmälerung des Selbstinteresses bewegen, in der zweiten und dritten aber mußte er nach und nach an Intensität verlieren. War er aber entschwunden, so blieb die Autorität des Herzogs von Jülich nur eine illusorische, weil die zur Zunft gehörigen Kupfermeister nicht alle seiner Machtsphäre unterstanden. Und auf diese Momente, weniger auf den Umstand, daß „die Gründung schon in eine Zeit fällt, in der man mit dem veralteten Zunftzwang zugunsten einer freien Entwicklung aufzuräumen begann"[1], ist die kurze Lebensdauer des Stolberger Zunftstatuts zurückzuführen. Nur zwei Lebensäußerungen der Zunft sind uns bekannt geworden, das Zunftstatut selbst und ein Vertrag, den die Organisation im Jahre 1669 mit der Verwaltung des Altenbergs abschloß[2]. Im Jahre 1698 scheint sie schon nicht mehr existiert zu haben, da ein ähnlicher Vertrag nicht mehr von den Greven, sondern von den einzelnen Kupfermeistern abgeschlossen wird[3].

B. Veränderungen in der Anteilnahme der einzelnen Faktoren am Produktionsprozeß.

Das Absatzgebiet der Stolberger Messingindustrie mußte mit dem der Aachener zusammenfallen, weil die erstere aus letzterer hervorgegangen war und für die beiden Produktionszentren im wesentlichen dieselben Momente beim Absatz ihrer Ware in Betracht kamen. Die Absatzmöglichkeit wird zunächst durch die Höhe der Transportkosten bestimmt, da große Transportlasten das Gut verteuern und damit die

---

[1] R. A. Peltzer a. a. O. S. 165.
[2] Ebenda S. 164.
[3] Ebenda S. 165.

Erwerbsmöglichkeit auf einen kleineren Kreis von Konsumenten beschränken. Bei den großen Schwierigkeiten, die sich in damaliger Zeit dem Landtransport entgegenstellten, mußte man möglichst schnell eine billigere und bequemere Transportgelegenheit, die nur in den Wasserwegen gegeben war, zu erreichen suchen. Solche Wasserwege standen im Westen durch die Maas, im Osten durch den Rhein zur Verfügung, die beide stromabwärts benutzt, ein billiges Verkehrsmittel darboten, zumal sie nach ihrem Eintritt ins Meer die Möglichkeit weiteren Wassertransports gewährten. Stromaufwärts aber machte der Rhein von Frankfurt resp. Mannheim aus den Weitertransport zu Lande notwendig. Aus diesem Gesichtspunkte mußte also die Stolberger Messingindustrie auf dem westeuropäischen Markte, der durch Nordfrankreich, Spanien, Portugal und auf dem nordeuropäischen Markte, der durch England, Schweden und Norddeutschland gebildet wurde, billiger liefern können, als auf dem mittel- und südeuropäischen, in Mittel- und Ostdeutschland, Ungarn, Italien usw.

Der Absatz nach den Gebieten, die einen großen Landtransport bedingten, also nach Mittel- und Südfrankreich, nach Mittel- und Süddeutschland, mußte größer oder kleiner sein, je nachdem die Stolberger Messingindustrie auf dem betreffenden Gebiete eine größere oder kleinere Konkurrenz zu bestehen hatte. Hierin waren die Verhältnisse verschieden auf dem west- und osteuropäischen Markte. Auf ersterem hatten sie nur die Konkurrenz Aachens und der Niederlande zu bestehen, die im wesentlichen mit den gleichen Transportkosten arbeiteten, denen sie aber infolge günstigerer Produktionsbedingungen überlegen war. Anders in Süd-, Mittel- und Osteuropa. Dort existierten Konkurrenzunternehmungen in Nürnberg, Schlesien und in Mailand schon im 16. Jahrhundert. Diese Unternehmungen waren wie die Stolberger, Aachener und niederländische Messingindustrie in der Nähe von Galmeifundstätten entstanden. Und wenn sie auch, wie Peltzer ausführt, Galmei vom Altenberg bezogen, so geschah dies nur, um durch Vermischung mit dem einheimischen schlechten Galmei eine Qualitätsverbesserung zu erzielen. Peltzer[1] sagt an der betreffenden Stelle:

„diese auswärtigen Messingwerke aber könnten nur arbeiten, wenn sie vom Altenberg Galmei erhielten, da der polnische zu schlecht sei und nicht ohne Zusatz verwendet werden könne."

Im Jahre 1773 aber kamen in Stolberg
  1 680 000 Pfd. Kupfer,
   800 000 „ Altenberger Galmei,
  2 640 000 „ Stolberger Galmei

---

[1] R. A. Peltzer a. a. O. S. 103.

zur Verwendung. Nimmt man ein gleiches Mischungsverhältnis für die schlesische und Nürnberger Messingindustrie an, so waren die zu transportierenden Mengen ungefähr gleich, da die mittel- und ostdeutschen Werke in bezug auf die Kupferversorgung besser gestellt waren als die Stolberger Anlagen. Stolberg mußte sein Kupfer entweder aus Schweden oder aus dem Mansfeldschen beziehen. Nürnberg erhielt es ebenfalls aus dem Mansfeldschen, Schlesien dagegen aus Böhmen. Das Mehr an Transportkosten der Fertigfabrikate aber, das Stolberg beim Versuch der Eroberung des natürlichen Absatzgebietes obiger Konkurrenten zu tragen hatte, mußte so verteuernd auf die Produktionskosten wirken, daß sämtliche verbilligende Faktoren des eigentlichen Produktionsprozesses vielfach ausgeglichen wurden. Daher mußte der osteuropäische Markt zu einem weniger vorteilhaften und damit auch zu einem weniger anziehenden werden, als der westeuropäische es im 16. und 17. Jahrhundert für die Stolberger Messingindustrie war.

In einem Briefe aus dem Jahre 1579 werden als Absatzgebiete der Aachener Kupfermeister die Niederlande, Frankreich, Spanien, Portugal, England, die Ostlande und „noch weiter entlegene Königreiche und Länder" genannt[1]. Im Jahre 1773 aber sagt Jacobi in seiner Zusammenstellung über die Stolberger Messingindustrie:

„Nach der Verfertigung werden hiesige Messingwaren nach den **nächstgelegenen** deutschen Ortschaften, ferner nach Brabant, sodann nach Frankreich, Spanien und Portugal versandt. Auch bezieht Amsterdam davon eine ansehnliche Quantität. Frankreich bezieht ohngefähr 1 000 000 Pfd. Messingwaren, welche Spanien und Portugal imgleichen Amsterdam bezieht, pflegt man auf die Weise dahin zu befördern, wie die nach Frankreich bestimmten Güter. Die dahingehende Quantität ist ohngefähr 1 200 000 Pfd."

Bis zum Jahre 1773 war also nicht nur der ost-, sondern auch der nordeuropäische Markt der Stolberger Industrie vollständig verloren gegangen. Die Gründe hierfür müssen durch nachstehende Untersuchung gefunden werden.

Wie schon aus früher Gesagtem hervorgeht, mußte das Stolberger Absatzgebiet jedesmal beschränkt werden, sobald in der Nähe von Galmeigruben neue Messingwerke entstanden. So ging z. B. im Laufe des 18. Jahrhunderts durch die Entstehung der Iserlohner Messingindustrie Norddeutschland verloren. Weiterhin konnten sich lokale Märkte absondern, wenn in der Nähe von Kupferfundorten neue Messingwerke errichtet wurden, wie eine kurze Betrachtung zeigen wird. 1773 stellte man aus 1 680 000 Pfd. Kupfer und 3 440 000 Pfd. Galmei im

---

[1] R. A. Peltzer a. a. O. S. 141.

ganzen 3 100 000 Pfd. Messing her. Hätten nun die Fabrikate in der Nähe des Kupferfundortes in Konkurrenz mit dort bestehenden Unternehmungen abgesetzt werden müssen, die ihrerseits von Stolberg den nötigen Galmei bezogen, so hätte die von den Stolberger Werken zu bewegende Gütermenge 4 780 000 Pfd., die der anderen nur 3 440 000 Pfd. betragen. Nimmt man für beide Orte die gleichen Produktionskosten an und setzt man die Transportkosten für 100 km und 100 Ctr. auf 1 Mk. an, wobei die Entfernung zwischen den beiden Produktionszentren 400 km betragen soll, so würden die Transportkosten betragen haben:

	für Stolberg	für die Konkurrenz
1. für Galmei	— Mk.	1 376 Mk.
2. für Kupfer	672 „	— „
3. für Waren	1 240 „	— „
Sa.	1 912 Mk.	1 376 Mk.

d. h., die Stolberger Unternehmer hätten ein Mehr von 536 Mk. oder 39 % zu tragen gehabt. Der Unterschied in den Transportkosten würde sich in verschiedenen Entfernungen folgendermaßen gestaltet haben:

Bei einer Entfernung von

Stolberg	Kupferfundort	Mehr an Transportkosten zu Lasten Stolbergs	der Konkurrenz
200 km	200 km	—	54 %
300 „	100 „	—	5 %
400 „	— „	39 %	—
500 „	100 „	31 %	—
600 „	200 „	27 %	—
700 „	300 „	23 %	—
1 000 „	600 „	17 %	—
10 000 „	9 600 „	1,7 %	—

d. h. in Worten ausgedrückt: Der absolute und relative Unterschied zwischen den in Betracht kommenden Transportkosten ist in unmittelbarer Nähe des Kupferfundortes am größten. Mit wachsender Entfernung über den Standort der Konkurrenzindustrie hinaus bleibt zwar die absolute Höhe des Unterschieds bestehen, die relative aber vermindert sich, mit anderen Worten: mit steigender Entfernung vom Kupferfundort spielt der Unterschied in den beiderseitigen Transportkosten eine geringere Rolle. Daraus ergibt sich dann die Schlußfolgerung, daß ein Unternehmen am Fundort eines in geringerer Menge gebrauchten Rohstoffes im wesentlichen auf einen lokalen Markt angewiesen ist, wenn nicht durch bessere Ausnutzung des Kapital- und Arbeitsfaktors eine Verminderung der Gesamtkosten erzielt wird. Es nimmt an Konkurrenzfähigkeit zu, es vergrößert seinen lokalen Markt.

1. proportional der Quantitätsverminderung des vom Standort seines Konkurrenten zu beziehenden Rohstoffs,

2. proportional der Verminderung der Entfernung der zu transportierenden Stoffe, wenn es ihm gelingt, neue, seinem Produktionsstandort näher gelegene Rohstoffquellen zu erschließen.

Da nun im 16. und 17. Jahrhundert noch keine derartigen Konkurrenzunternehmungen bestanden, so hätte die Stolberger Messingindustrie, die wegen ihrer großartigen Entwicklung mit außerordentlich niedrigen Produktionskosten arbeitete, leicht einen Ausgleich des Unterschiedes in den Transportkosten herbeiführen können. Sollten sich also derartige Unternehmungen entwickeln, so konnte dies nur mit Hilfe eines starken staatlichen Zollschutzes geschehen, der womöglich nicht nur den Ausgleich durch die billigeren Produktionskosten verhinderte, sondern die Kostendifferenz noch vergrößerte.

Skandinavien und Norddeutschland waren seit dem Aufkommen der hamburger und schwedischen Messingindustrie um die Mitte des 17. Jahrhunderts den Stolberger Unternehmern verloren gegangen. Der schlimmste Konkurrent Stolbergs aber sollte in Zukunft England werden. Bis zum Jahre 1303 war England bekanntlich das „fremdenfreundlichste Land der Erde." Seit dieser Zeit aber setzt der Kampf gegen die Fremden ein, der 1597 mit der Vertreibung der Ausländer endete. Schon Eduard IV. suchte die gewerblichen Fremdenniederlassungen in England zu bekämpfen und die heimische Industrie zu fördern. Der definitive Bruch mit allem Fremden, „das Verbot allen hansischen Handels in England" erfolgte aber erst unter Elisabeth[1]. Sie verlieh dem Christopfer Schutz und William Humfrey „das Monopol der Galmeigewinnung und Messingfabrikation[2]." Nachdem dann im Laufe des 17. Jahrhunderts Jakob Buirette, ein reicher Aachener Kaufmann und Kupfermeister, der mit den technischen und wirtschaftlichen Verhältnissen des Stolberger Produktionsprozesses genau bekannt sein mußte, in England Schritte getan hatte, um die brassbatterie nach Aachener Muster einzuführen, und Jacob Momma, der nach Peltzer[3] ebenfalls Aachener Bürger war, mit einem Deutschen namens Demetrius bei Esher (südwestlich von London) die erste Messingdrahtzieherei in England angelegt hatte, entwickelte sich unter dem Einflusse einer energischen Schutzzollpolitik die englische Messingindustrie zu einem immer mehr erstarkenden Rivalen Stolbergs. Schleicher sagt in seiner Denkschrift aus dem Jahre 1800:

---

[1] v. Schmoller, Die englische Handelspolitik des 17. und 18. Jahrhunderts. Schmollersche Jahrbücher 1899, S. 1214 ff.

[2] R. A. Peltzer a. a. O. S. 141.

[3] Ebenda S. 155.

„ce ne fut qu'à l'époque, où les Anglois érigèrent les mêmes fabriques chez eux que le principe de la décadence de Stolberg se manifesta"[1].

Und weiterhin:

„les manufactures angloises, extrêmement protegées et encouragées par leur Gouvernement, firent de plus rapides progrés, et un impôt sur les laitons du dehors de divers sterling par quintal, équivalent ainsi à une prohibition."

Damit war zunächst der lokale Markt Englands verschlossen. Und wenn auch die englischen Werke im 18. Jahrhundert Galmei vom Altenberg bezogen[2], so beweist doch der Umstand, daß die Königin Elisabeth dem Christopher Schutz das Monopol der Galmeigewinnung verlieh, daß in England selbst Galmeigruben vorhanden waren. Es kam also im wesentlichen nur ein geringeres Quantum in Betracht entweder zur Mischung oder falls die dortigen Vorräte nicht ausreichten. Dafür gab es in England aber reiche Kupferlager, die in den Jahren 1771—1775 schon eine Ausbeute von 18741 t[3] ergaben. In den letzten Jahrzehnten des 18. Jahrhunderts bezog aber die Stolberger Messingindustrie nach Jacobi ihr Kupfer hauptsächlich aus Schweden, so daß schon durch die größere Entfernung England—Altenberg einerseits und Drontheim—Stolberg anderseits ein Mehr an Transportkosten zu Lasten der Stolberger Messingindustrie entstand. Im wesentlichen trafen also die früher geschilderten Gesichtspunkte bei der Betrachtung der Konkurrenzfähigkeit von Kupfer- und Galmeiländern zu. Sobald nun die englische Messingindustrie infolge des staatlichen Zollschutzes die teueren Produktionskosten der ersten Entwicklungsperiode auf Grund der tatsächlich in England in der letzten Hälfte des 18. Jahrhunderts entwickelten Gewerbefreiheit und der technischen Kenntnisse der zugewanderten Arbeitskräfte vermindert hatte, konnte sie den Konkurrenzkampf auch auf dem Teil ihres lokalen Marktes aufnehmen, der ihr durch die politische Autorität nicht vorbehalten werden konnte; als solcher kam vor allem Nordfrankreich in Betracht.

Der freiheitlichere Umschwung, der sich seit der Mitte des 18. Jahrhunderts in den handelspolitischen Anschauungen der maßgebenden Kreise Englands und Frankreichs vollzog, und schließlich zu dem französisch-englischen Handelsvertrage vom Jahre 1786 führte, hatte die Belebung der englischen Ausfuhr nach Frankreich zur Folge. Seit dieser Zeit machte sich

---

[1] Schleicher, Mémoire sur les fabriques de laiton ou du cuivre jaune établies à Stolberg. 1800.
[2] R. A. Peltzer a. a. O. S. 103.
[3] Bernh. Neumann, Die Metalle, Geschichte, Vorkommen und Gewinnung. Halle 1904. S. 109.

die englische Konkurrenz auch auf dem dortigen Messingmarkte empfindlich bemerkbar. Schleicher sagt[1]:

„Ils (die Engländer) commencèrent dès lors (seit dem Vertrag von 1786) à importer leurs marchandises en France, et établirent dans les ports où il se faisoit des armemens pour la côte de Guinée, les entrepôts des articles de laiton, que ce commerce exige".

Und an einer anderen Stelle:

„la fourniture au fil de laiton, que les diverses fabriques d'épingles en France, et particulièrement celles des Départemens de l'Eure et de l'Orne (also Nordfrankreich) consomment, ce n'est que pendant la guerre, qu'ils les en ont alimentées en partie, parce que les entraves que la navigation souffrait empêchoient les Suédois et les Hambourgeois de les en pourvoir suffisament; au dire des consommateurs, cet article fait un objet d'importation annuelle de douze mille quintaux, qui évalués au prix actuel enlève à la France une somme de deux millions cinq cent mille francs, que se partagent en temps de paix, les Anglois, les Hambourgeois et les Suédois."

Nordfrankreich war, wie man sieht, im Laufe der Zeit der Stolberger Messingindustrie entzogen worden. Die natürliche Entwicklung aber wurde unterbrochen durch den Ausbruch der französischen Revolution. Ihre Folgen waren für die Stolberger Werke zunächst überaus traurige. Sämtliche Handelsbeziehungen wurden unterbrochen, die in den Magazinen liegenden Vorräte wurden einfach requiriert und höchstens mit wertlosen Assignaten bezahlt. Der größte Teil der Stolberger Messingwerke ging im letzten Jahrzehnt des 18. Jahrhunderts ein; „à peine pouvoit-on, l'an trois de la République, trouver assez de traces de leur existence pour satisfaire la curiosité du voiageur, qui vouloit se faire une idée de leurs opérations[2]." Kaum aber ist der Friede hergestellt, die Rheinlande der französischen Republik einverleibt, als auch schon die Werke wie mit Zauberschlag neu erstehen und in der Zeit von einigen Jahren eine Produktionshöhe erreichen, wie sie seit den 50er Jahren des 18. Jahrhunderts nicht mehr erzielt worden war. Während noch 1773 die produzierte Messingmenge nur 31000 Zentner betrug, erreicht sie 1804 nach Dorsch[3] eine Höhe von 40000 Zentner.

Wenn der außerordentliche Aufschwung Frankreichs in Landwirtschaft und Gewerbe nach Brandts[4] Ansicht „in un-

---

[1] Schleicher, Mémoires etc., a. a. O. S. 4.
[2] Ebenda a. a. O.
[3] Dorsch, Statistique du département de la Roer. Cologne 1804, S. 428.
[4] Alex. von Brandt, Beiträge zur Geschichte der französischen Handelspolitik von Colbert bis zur Gegenwart. Leipzig 1896.

leugbarem Zusammenhange mit den wirtschaftlichen Veränderungen steht", welche sich im Anschluß an die Revolution vollzogen hatten, so ist der Aufschwung der Stolberger Messingindustrie in dieser Zeit nur auf zollpolitische Momente zurückzuführen. Als solches kommt nicht nur der Fortfall aller etwa bestehender Zollschranken innerhalb der französischen Republik in Frage, sondern vor allem die vollständige Ausschaltung der gefährlichen Konkurrenz Englands vom westeuropäischen Markte durch die Maßnahmen des Direktoriums und Napoleons. Schon im Jahre 1793 wurde „Einfuhr, Verkauf und Gebrauch aller in dem vereinigten Königreich und den englischen Besitzungen verfertigter Waren verboten" und mit einer Gefängnisstrafe von 20 Jahren belegt[1]. Durch Gesetz vom 31. Oktober 1796 wurde das Verbot der Einfuhr englischer Waren wiederholt, und eine Anzahl von Waren, welche als englische zu betrachten seien, allgemein von der Einfuhr ausgeschlossen. Zu diesen gehörten Wolle, Baumwollenstoff, Wirkwaren, Garne, Fabrikate aus Eisen, Stahl und Kupfer, ferner Leder- und Glaswaren[2]. Nachdem durch den Wiederausbruch der Feindseligkeiten der Abschluß eines im Frieden von Amiens 1802 vorgesehenen Handelsvertrages unmöglich gemacht worden war, ging auch Napoleons Streben dahin Englands Handel zu vernichten. Diese Absicht in die Tat umgesetzt durch die Dekrete vom 30. April 1806, 21. November 1806, 23. November 1807 und 17. September 1808 sicherten der Stolberger Messingindustrie den Alleinbesitz des westeuropäischen Marktes.

Alle diese dem Emporblühen der Stolberger Messingindustrie günstigen Momente verschwinden, nachdem im Jahre 1814 die Rheinlande dem Königreich Preußen einverleibt worden waren. Die seit der Revolution im Drange der Ereignisse zur Herrschaft gelangte schutzzöllnerische Richtung wurde auch unter der Restauration im allgemeinen nicht aufgegeben. Das hatte zunächst zur Folge, daß Stolberg den Kampf mit seinem alten Rivalen, England, wieder unter den alten Bedingungen aufnehmen mußte. Da aber eine Ermäßigung der unter Napoleon auf Kupferwaren gelegten Zölle nicht eintrat, war den Stolberger Kupfermeistern der französische Markt fast vollständig verschlossen. Unter dem Schutzzollsystem entwickelte sich nach und nach eine französische Messingindustrie, welche die Hoffnung auf Wiedergewinnung des verlorenen Absatzgebietes vollständig vernichtete. Durch das Zollgesetz vom 21. April 1818 wurden die bestehenden Schwierigkeiten noch erhöht, da durch dieses Gesetz der Zoll auf Messingdraht nochmals erhöht

---

[1] Alex. von Brandt a. a. O. S. 59.
[2] Ebenda S. 60.

wurde[1]. Auch der Absatz nach Portugal war fast völlig lahm gelegt, weil die niederländische und englische Messingindustrie abgesehen von den geringeren Transportkosten nur die Hälfte des Eingangszolles, wie ein amtlicher Bericht aus dem Jahre 1820 angibt, zu zahlen hatten.

Auch die Niederlande, deren Messingindustrie sich im Laufe der Zeit, seitdem im Jahre 1643 infolge der Erlaubnis der Anwendung von Mühlenhämmern ein technischer Fortschritt ermöglicht worden war, erholt hatte, verschloß 1814 ihre Grenzen den Stolberger Erzeugnissen. In diesem Jahre wurden nach einem amtlichen Bericht aus dem Jahre 1816 Messingwaren mit einem Wertzoll von 33% belegt.

Im Laufe der Entwicklung waren so um das ursprünglich in der Mitte seines Absatzgebietes gelegene Stolberger Produktionszentrum national geschützte Konkurrenzindustrien entstanden, von denen jede mit Hilfe der politischen Autorität ihren je nach den Verhältnissen größeren oder kleineren lokalen Markt für sich in Anspruch nahm, so daß sich Stolberg selbst seit 1814 im wesentlichen auf den lokalen Markt der Rheinprovinz angewiesen sah. Dazu kam, daß nach Verlust des westeuropäischen Marktes der Absatz vor allem versuchen mußte, sich nach Osten Bahn zu brechen, wo infolge des Zollgesetzes von 1818 die freie Konkurrenz wenigstens nicht noch durch hemmende Zollschranken innerhalb der preußischen Monarchie beschränkt wurde. Mit dieser Notwendigkeit ging aber auch der Vorteil des Standortes in der Mitte des Absatzgebietes verloren, weil Stolberg nunmehr an der äußersten Peripherie seines Wirtschaftsgebietes lag und damit auch beim Konkurrenzkampf mit den übrigen Messingwerken Preußens und später des Zollvereins die höchsten Transportkosten für Fertigfabrikate zu tragen hatte.

Einer der Vorzüge des Stolberger Fabrikats, durch die sich die dortige Messingindustrie im 16. und 17. Jahrhundert eine monopolartige Stellung auf dem Weltmarkte errungen hatte, bestand in der vorzüglichen Qualität der dort produzierten Waren. Noch im Jahre 1800 war diese qualitative Überlegenheit allgemein anerkannt.

„Si les planches de Stolberg jouissent encore de quelque préférence, c'est qu'on en a l'idée avantageuse que la matière en est plus douce et par conséquent plus apte au travail[2]."

Die Eigenschaft einer Qualitätsware erhielt das Stolberger Messing einerseits durch die große Verwendungsmöglichkeit des reinen Altenberger Galmeis, anderseits durch die gute

---

[1] Alex. von Brandt a. a. O. S. 79.
[2] Schleicher, Mémoire etc., a. a. O.

Beschaffenheit des dortigen Arbeitsfaktors, die durch jahrhundertelange Beschäftigung ganzer Familiengenerationen in der Messingindustrie erzielt worden war. Was den Altenberger Galmei anbetrifft, so war eine Erschwerung der Zufuhr von dort durch staatliche Maßnahmen infolge der Neutralisierung des Moresnet'schen Gebietes nicht leicht denkbar, wohl aber war eine solche von privater Seite möglich. Nachdem im Jahre 1805 die Veräußerung der Gruben von der französischen Regierung beschlossen worden war, erwarb sie zunächst der Abbé Jean Jacques Daniel Dony, der sie seit 1813 nach und nach an einen gewissen Mosselmann in Lüttich abtrat[1]. Seitdem sie dann im Jahre 1837 endgültig in den Besitz der Société anonyme des mines et fonderies de zinc de la vieille Montagne übergegangen waren, welche die ganze Galmeiproduktion zu Zink verhüttete, war den Stolberger Messingfabrikanten die Verwendung des einen qualitätsbestimmenden Faktors unmöglich gemacht.

Der Verlust der Altenberger Rohstoffquelle war um so schwerwiegender, da auch der Ertrag der Stolberger Gruben seit dem Jahre 1800 immer mehr zurückging. Schleicher sagt: „Cet ingénieur n'arrivant pas et les calamines des environs de Stolberg se déteriorant de plus en plus, les fabricans se voient obligés d'avoir recours à celles de la vieille Montagne."

Diese Abnahme erklärt sich aus den früher geschilderten geologischen Verhältnissen. Bis 1800 war das Wasserniveau, bis wohin ein leichter, billiger Abbau möglich war, in fast allen Gruben erreicht. Der weitere Betrieb konnte nur mit großem Kapitalaufwand, der die Kraft des Einzelunternehmers überstieg, rentabel gestaltet werden. Daher treten jetzt an Stelle der einzelnen kleinen Bergwerksbesitzer große Gesellschaften, die aber auch gleichzeitig die Verhüttung der gewonnenen Erze selbst vornehmen. Im Jahre 1852 waren von den zwölf in und bei Stolberg gelegenen Galmeizechen neun im Besitze von drei großen Zinkgesellschaften. Nur die drei kleinsten und unergiebigsten Gruben gehörten Privatpersonen.

Damit war den Messingfabrikanten die Versorgung ihrer Werke mit Galmei unmöglich gemacht, da die Stolberger Förderung sogar den Bedarf der drei Zinkhütten nicht decken konnte. So verarbeitete z. B. die Eschweiler Gesellschaft[2] auf ihrer Hütte

im Jahre	Zinkerze	davon Stolberger Förderung
1854	136 604 Ztr.	80 958 Ztr.
1855	170 043 „	73 450 „
1856	143 966 „	73 421 „

---

[1] Das Bergrevier Düren, herausgegeben vom Kgl. Oberbergamt in Bonn. Bonn 1902, S. 211.
[2] Akten der Stolberger Handelskammer.

Schon aus diesem Grunde sahen sich die Kupfermeister in Zukunft genötigt, statt des Galmeis Zink bei ihrem Schmelzprozeß zu verwenden. Für die Messingindustrie im allgemeinen bedeutete dieser Übergang, da durch den Fortfall der Galmeimühlen und durch die Vereinfachung des Schmelzprozesses eine Arbeits- und Kapitalersparnis erzielt werden konnte, einen Fortschritt; für die Stolberger Messingindustrie war es ein harter Schlag, da der allgemeine Fortschritt für Stolberg einen Rückgang seiner alten gewerblichen Tätigkeit zur Folge hatte. Durch die Verhüttung der Zinkerze zu metallischem Zink wurde eine Gewichtskonzentration erzielt, die soweit ging, daß fernerhin beim Schmelzprozeß der Messingindustrie bedeutend mehr Kupfer — etwa 60—70 % — und weniger Zink — etwa 30—40 % — erforderlich war. Damit war ein völliger Umschwung der bisherigen Verhältnisse verbunden. Besaß bis dahin Stolberg den großen Vorteil der geringsten Rohstofftransportkosten, so treffen auf seine Werke von nun an die früher skizzierten Verhältnisse der in der Nähe der Fundstelle des in geringerer Menge gebrauchten Rohstoffes errichteten Unternehmungen zu. Damit war sein Absatz, wie früher ausgeführt, auf einen kleinen lokalen Markt beschränkt, da er bei gleichen Produktionskosten die höchsten Transportkosten für Rohstoffe zu tragen hatte. Schloß diese Tatsache die Stolberger Messingindustrie von einer erfolgreichen Konkurrenz auf dem Weltmarkte mit England, Schweden usw. aus, so war sie ebenfalls vom Inlandsmarkte mit Ausnahme eines kleinen lokalen Absatzgebietes verdrängt, weil die in der Nähe der Mansfeldschen, böhmischen usw. Kupferbergwerke bestehenden Messingwerke wirtschaftlich besser situiert waren.

Die Messingbereitung aus metallischem Zink erfolgte in England zuerst im Jahre 1781 durch Emerson[1]. Wann der Übergang von der Galmei- zur Zinkverwendung in Stolberg stattgefunden hat, ließ sich auf Grund des mir vorliegenden Materials nicht genau feststellen. Da aber schon im Jahre 1819[2] der Kupfermeister Mathias Ludolf Schleicher das alte Messingwerk, die Vehlau, in eine Zinkhütte mit vier Öfen „nach Lütticher Manier"[3] umgebaut hat, so ist anzunehmen, daß der Übergang in den zwanziger Jahren des vorigen Jahrhunderts einsetzt und im Laufe der nächsten Jahrzehnte vollendet wird.

Mit der Einführung der Gewerbefreiheit im Laufe des

---

[1] Bernh. Neumann a. a. O. S. 289.
[2] Welche Belege obiger Zahl, die in der Schleicherschen Denkschrift aus dem Jahre 1905 angeführt wird, zugrunde liegen, konnte ich nicht ermitteln. In der „Topographisch-statistischen Übersicht aus dem Jahre 1820 a. a. O. wird im ganzen Regierungsbezirk Aachen keine Zinkhütte erwähnt.
[3] Akten der Bürgermeisterei Stolberg.

18. und in den ersten Jahrzehnten des 19. Jahrhunderts war auch der Vorteil des Produktionsprozesses, der auf der unbeschränkten Anwendungsmöglichkeit des Kapital- und Arbeitsfaktors beruhte, für die Stolberger Messingindustrie verloren. Sowohl die technische wie die wirtschaftliche Überlegenheit des Stolberger Produktionsprozesses, durch die die Billigkeit der dortigen Fabrikate erzielt wurde und die die Vernichtung der Aachener und niederländischen Messingindustrie herbeigeführt hatte, war schon im Jahre 1800, wie aus den Worten der Schleicherschen Denkschrift hervorgeht, nicht mehr vorhanden.

„la continuation de la prohibition d'exporter des planches de laiton expose les fabricans à la perte d'une branche de commerce, dont les autres nations s'empareront d'autant plus facilement qu'elles fournissent à aussi bon marché."

So war im Laufe der Zeit nicht nur der Vorsprung, den Stolberg durch die frühe, unbeschränkte Anwendungsmöglichkeit des Kapital- und Arbeitsfaktors besaß, eingeholt worden, sondern es waren auch die Vorteile des natürlichen Produktionsfaktors verloren, indem einmal durch die Entstehung national geschützter Märkte, anderseits durch den Übergang von der Galmei- zur Zinkverwendung die früher günstigen Bedingungen sich in wirtschaftlich ungünstige gewandelt hatten. Der aus diesen Gründen unvermeidliche Rückgang zeigt sich denn auch bald in den Produktionsziffern und der Zahl der in Betrieb befindlichen Öfen, in der fortwährenden Verminderung der Stolberger Messingfirmen und in dem Entstehen neuer Industriezweige. Es betrug

im Jahre	die Ofenzahl	die Produktion	
1726	200	60 000	Ztr.
1750	150	40 000	"
1773	95—105	31 000	"
1804	130—140	40 000	"
1820	50—60	13 000	"
1837	35—40	11 077	"
1837/51	35—40 durchschn.	12 000	"
1852	40	12 000	"
1853/57	25—30	8—9 000	"
1858	24	7 000	"
1859	20	7 000	"
1860	20	6 000	"
1861	noch weniger	noch weniger	

Messingfirmen bestanden in Stolberg:

Jahr	Zahl	Jahr	Zahl
1667	33	1852	12
1698	32	1855	7
1773	29	1877	2
1837	11		

Im Jahre 1852 waren nach einem Bericht des Oberbergamts Bonn an die Stolberger Handelskammer[1] noch folgende Kupferhöfe in Betrieb:

Name des Kupferhofes	des Besitzers
1. Frankenthal	Ed. von Asten.
2. Rodderburg	P. P. Meyer & Sohn.
3. Nikolaushütte	Joh. Nic. Schleicher.
4. Unterster Hof	Math. Lud. Schleicher & Sohn.
5. Stöcke	Pet. Peltzer & Sohn.
6. Weide	Nap. Schleicher.
7. Dollartshammer rechts	Raymund Lynen & Otto Schleicher.
8. Dollartshammer links	Gustav Prym & Sohn.
9. Steinfeld	Joh. Peltzer.
10. Bauschenberg	Heinrich Aug. Schleicher.
11. Krautlade	Meinhard Schleicher.
12. Rosenthal.	Richard Lynen.

1855 existierten nach Akten der Stolberger Handelskammer folgende Firmen:
1. Nap. Schleicher,
2. Math. Lud. Schleicher & Sohn,
3. Casimir von Asten & Sohn,
4. L. Lynen,
5. William Prym,
6. Raymund Lynen & Otto Schleicher,
7. Heinrich Aug. Schleicher,

wovon nach einer amtlichen Nachweisung aus dem Jahre 1877[2] nur noch die Firmen:
1. William Prym,
2. Math. Lud. Schleicher Sohn

vorhanden waren.

Interessant ist das Urteil einiger Zeitgenossen über den augenscheinlichen Rückgang der Stolberger Messingindustrie. Nach dem Verwaltungsbericht von 1906 führt „Bürgermeister Michels den Verfall der Messingindustrie speziell auf den **häufigen Gebrauch des Zinks** und die dadurch anderwärts entstandenen Messingfabriken und sonstige ungünstige Handelskonjunkturen zurück." 1851 berichtet uns Bürgermeister von Werner, daß das Messinggeschäft „nur ein träges Fortbestehen hat, die auswärtigen Märkte ihm allmählich ganz verloren gehen, und im Inlande sich auch die Konkurrenzfabriken vermehren, die durch ihre Lage die inländischen Kupfer vorteilhafter beziehen, während die fremden Kupfer,

---
[1] Siehe Akten der Stolberger Handelskammer.
[2] Acta Speclia Vol. I der Bürgermeisterei Stolberg.

worauf die hiesige Fabrikation hauptsächlich angewiesen ist, besteuert sind."

Der Niedergang der Messingindustrie hatte für den Ort Stolberg auch eine vorteilhafte Folge. Da die Messingindustrie schon in den ersten Jahrzehnten des 18. Jahrhunderts ihren Höhepunkt erreicht hatte und in den folgenden Jahren ein immer stärker auftretender Rückschritt sich bemerkbar machte, waren die Träger des Kapitalfaktors — die Kupfermeister — genötigt, sich nach anderen Anlagemöglichkeiten umzusehen. So errichtete im Jahre 1719 Mathias von Asten im Knautzenhofe die erste Tuchfabrik[1]. Im Jahre 1754 folgte seinem Beispiele sein Neffe Heinrich Peltzer, sodaß nach Jacobi 1773 schon 35 Webstühle in Stolberg tätig waren, die jährlich 560 Stück oder 72800 Ellen Tuch lieferten[2]. Noch wichtiger wurde für die Folgezeit der Versuch, den eine Anzahl Kupfermeister unter Führung der Familie Prym im Jahre 1792 unternahm, in ihrem Orte die Glasindustrie einzuführen. Das Werk erst in Form einer Gesellschaft betrieben, ging später in den Besitz der Familie Prym, dann der Familie Siegwart über, unter deren Namen es noch heute fortgeführt wird. Diese Bemühungen der Kupfermeister hatten zur Folge, daß ein Stamm von qualifizierten Glasarbeitern nach Stolberg gezogen wurde, der zweifellos im Laufe des 19. Jahrhunderts zur Begründung neuer Unternehmungen dieser Art mit beigetragen hat. 1907 wurden in der Glasindustrie Stolbergs, die durch drei Unternehmungen vertreten ist, zusammen 1423 Arbeiter beschäftigt. Die Tuchindustrie hatte wohl wegen der übermächtigen Konkurrenz Aachens in Stolberg keine großen Erfolge zu verzeichnen. Es existiert noch heute eine Spinnerei in Stolberg, die insgesamt 144 Arbeitskräfte beschäftigt.

---

[1] L. v. Alpen, Einige Nachrichten über Stolberg. Aachen 1845, S. 39.

[2] Die Ansicht, daß die Entstehung der Stolberger Tuchindustrie auf den Niedergang der dortigen Messingindustrie zurückzuführen ist, wird bestätigt durch den Brief eines Stolberger Messingfabrikanten, Isaac Peltzer, aus dem Jahre 1779, der sich im Rheinisch-Westfälischen Wirtschaftsarchiv zu Köln befindet. Darin heißt es: „ich wünschte sehr gerne, daß sothane Lackenfabricq dahier im ampt eingeführet würde" etc., und er fährt dann folgendermaßen fort: „und um Ihnen frey und offenhertz zu sagen, warum ich ein solches wünsche und gerne sähe, so ist es dieses, unsere Söhne können weit alle nicht zu Messingfabricquanten employret werden, wäre es nun, daß am hiesigen ort die Lackenfabricq betrieben würde und die arbeits Leuten häufiger sich ergiebeten, so würde anstatt daß man unsere söhne auhser Lands mit beschwehrlichkeit in andere handlungen etabliret. dieselbe mit mehrere bequemlichkeit in all solche hiesige Tuchfabricquen einsetzen und allmählich helfen darinnen avanciren" etc.

III. Die neueren Aufgaben der Stolberger Messingindustrie.

Bei der Begrenzung des Stolberger Absatzgebietes waren im wesentlichen zwei Etappen zu unterscheiden. In der ersten Periode erfolgte die Beschränkung des Marktes durch die Entstehung staatlich geschützter Konkurrenzunternehmungen, die im wesentlichen auf einen lokalen Absatz angewiesen waren. Da sich nun bis zu den 50er Jahren des vorigen Jahrhunderts die Neugründung derartiger Unternehmungen auf die europäischen Länder beschränkte, so waren die Stolberger Messingindustriellen genötigt, nach 1814, also nach Vollendung der Einschließung, neue außereuropäische Absatzgebiete aufzusuchen. In den 30er und 40er Jahren wandert daher ein Teil der Fabrikate nach Nordamerika und Brasilien. Ende der 40er und Anfang der 50er Jahre ging aber auch der Absatz nach diesen Ländern immer mehr zurück. Die Gründe für diese Erscheinung sind zum Teil in dem Entstehen der amerikanischen Messingindustrie, die mit Hilfe eines starken Zollschutzes den amerikanischen Markt für sich eroberte, zu suchen. Der Bericht der Stolberger Handelskammer aus dem Jahre 1852 sagt hierüber folgendes:

„Der Gang der Messingfabriken Stolbergs hat in diesem Jahre gegen früher keine wesentlichen Änderungen erlitten. Zwar hat der überseeische Absatz der Fabrikate infolge der enormen Eingangsrechte in verschiedenen Absatzländern unter deren Schutz, was die Vereinigten Staaten Nordamerikas betrifft, daselbst Fabriken ähnlicher Art angelegt werden konnten, und in Brasilien sich der Verbrauch der Artikel sehr verminderte, indem man dort dieselben durch ähnliche aus billigerem Metall wie Eisenblech angefertigte zu ersetzen suchte, bedeutend abgenommen. Dahingegen hat sich der Verbrauch an Messing in den Grenzen des Zollvereins, namentlich in Gegenständen des Eisenbahnbetriebes erfreulich vermehrt und läßt augenblicklich die in obiger Weise angedeutete Abnahme weniger fühlbar erscheinen, obschon der fast gänzliche Verlust der genannten beiden Märkte für die hiesigen Fabriken auf die Dauer sehr zu beklagen sein wird."

Seitdem aber die Zinkproduktion eine gewaltige Steigerung erfahren hatte und infolgedessen auch die Zinkverwendung im Produktionsprozeß der Messingindustrie immer allgemeiner durchgeführt werden konnte, mußte Stolberg nach und nach vollständig vom Weltmarkte verdrängt und auf den binnenländischen Absatz beschränkt werden. Daher konnte auch der Umschwung in den handelspolitischen Anschauungen, der sich seit den 40er Jahren in England und den 60er in Frankreich vollzog, keine Erweiterung des Auslandsmarktes zur Folge haben. Das Augenmerk der Unternehmer mußte sich vielmehr zunächst auf Erweiterung des Inlandabsatzes richten. Die Steigerung der Nachfrage konnte unabhängig vom Unternehmer dadurch erfolgen, daß der Bedarf an Messing sich im Laufe der Zeit mehrte. Daß eine derartige Bedarfssteigerung tatsächlich stattgefunden hat, geht nicht nur aus dem Umstande hervor, daß die Preise für die Rohstoffe der Messingindustrie, allerdings nur für Kupfer, einen erheblichen Rückgang erfahren haben, sondern auch aus dem Umstande, daß z. B. die Gesamtproduktion Preußens im Jahre 1843 nur 32 660 Ztr. betrug[1], während im Jahre 1895 allein von den Stolberger Werken 95—100 000 Ztr. Messing[2] jährlich erzeugt wurden. Es betrugen die Preise für

Jahr	Mansfelder Kupfer[3]	Zink in Breslau[4]
1860	2 051,50 Mk.	344,0 Mk.
1902	1 125,68 „	342,5 „

Das schnell aufstrebende Wirtschaftsleben und die fortwährend fallenden Kupferpreise konnten jedoch nur eine **allgemeine** Steigerung der Nachfrage zur Folge haben. Aufgabe der Stolberger Unternehmer mußte es sein, sich ihren Anteil an der vermehrten Absatzmöglichkeit zu sichern. Dieses Ziel konnte nur dann erreicht werden, wenn sie versuchten, sich den gegebenen wirtschaftlichen Verhältnissen anzupassen und unter Ausnutzung auch des kleinsten durch sie gegebenen Vorteils die Konkurrenz durch Lieferung einer **billigeren** oder **qualitativ besseren** Ware zu verdrängen. Da aber die zur Erreichung dieses Zieles geeigneten Wege aus den gegebenen wirtschaftlichen Verhältnissen abgeleitet werden müssen, so ist zu untersuchen:
1. welche Vorteile und Nachteile die Stolberger Wirtschaftsverhältnisse besaßen,

---

[1] Dieterici, Statistische Übersicht der wichtigsten Gegenstände des Verkehrs und Verbrauchs im Deutschen Zollverein. Berlin und Posen 1848, S. 472.
[2] Festschrift des Ingenieurvereins.
[3] Bernhard Neumann a. a. O. S. 320.
[4] Statistische Zusammenstellungen über Blei, Kupfer, Zink usw. von der Metallgesellschaft, der Metallurgischen Gesellschaft A.-G. und der Berg- und Metallbank A.-G., Frankfurt a. M. 1910, S. 100.

2. welche Wege zu einer Verbesserung der Wirtschaftslage führen konnten,
3. ob und inwieweit diese Wege von der Stolberger Messingindustrie beschritten worden sind und
4. ob sie zur Erreichung des gesteckten Zieles geführt haben.

Dabei soll die Untersuchung getrennt nach Billigkeits- und Qualitätsziel vorgenommen werden.

1. Aufgaben zur Erzeugung einer billigen Ware.

Die Billigkeit einer Ware beruht entweder auf der Ausnutzung der günstigen Beschaffenheit des natürlichen Produktionsfaktors oder auf dem rationellen Ausbau des Produktionsprozesses also auf einer intensiven Anwendung des Kapital- und Arbeitsfaktors.

Was nun den Bodenfaktor anbetrifft, so kann seine verbilligende Wirkung entweder in seiner günstigen Lage zum Fundort der Rohstoffe oder in der zum Absatzgebiet bestehen. Wie früher schon ausgeführt wurde, war seit der Zinkverwendung im Produktionsprozeß der Messingindustrie der günstigste Standort einer solchen die Nähe des Kupferfundorts. In den 40er Jahren des vorigen Jahrhunderts lagen nun die Verhältnisse auf dem Inlandsmarkte folgendermaßen. Die Messingproduktion in Preußen betrug nach Dieterici[1]

1840—42	durchschnittlich	21 882	Ztr.,
1843	„	32 660	„
1844	„	25 392	„
1845	„	24 301	„

Davon entfielen auf den Bergamtsbezirk

	1. Brandenburg-Preußen	2. Schlesien	3. Westfalen	4. Rheinlande
1843	5 887 Ztr.	240 Ztr.	18 054 Ztr.	8 479 Ztr.,
1844	5 089 „	275 „	8 930 „	11 098 „
1845	4 948 „	921 „	8 000 „	10 432 „

In Preußen existierten Messingwerke in Stolberg, Iserlohn und Lüdenscheid in Westfalen, in Schlesien, am Finowkanal in Brandenburg; weiterhin waren solche vorhanden in Bayern, Sachsen, Württemberg, Baden, Braunschweig und Altona bei Hamburg. Die wesentlichste Kupferbezugsquelle bildete der sächsisch-thüringische Bergwerksdistrikt. Die Kupferproduktion betrug in[2]:

---

[1] Dieterici a. a. O. S. 472.
[2] Die Zahlen unter Deutschland sind umgerechnet nach Neumann (S. 111); die übrigen sind entnommen aus Dieterici (S. 472).

	1. Deutschland	2. Preußen	3. Schlesien	4. Sachsen-Thüringen	4. Rheinland
	Ztr.	Ztr.	Ztr.	Ztr.	Ztr.
1843	20840	20272	324	18235	1713
1844	20480	20052	423	17554	2075
1845	19820	18514	250	16516	1748

Am günstigsten lagen zum Mansfeld die Werke in Brandenburg, Bayern, Westfalen usw. Aber auch sie waren im wesentlichen lokal gebundene Gewerbe, weil sie nicht in der Lage waren, die Konkurrenz Englands auf dem Weltmarkte zu bestehen. Stolberg dagegen war aus Transportrücksichten einerseits und wegen der zu geringen Förderung der Mansfeldschen Werke anderseits von vornherein auf die Einfuhr von fremdem Kupfer angewiesen. Hierüber sagt ein Brief der Messingfabrikanten an die Handelskammer in Stolberg aus dem Jahre 1879:

„Die Konkurrenzfähigkeit würde uns aber mit einem Schlage genommen werden, wenn ein Zoll für die deutsche Industrie auf das Rohmaterial gelegt wird, während andere Länder die Rohmaterialien frei einführen, und würde dadurch den Ausländern die Möglichkeit geboten, mit uns im Inlande zu concurrieren. Es ist dies um so mehr nachteilig, da in Frankreich und in England außer ihrer eigenen Produktion an Rohkupfer sich die Hauptmärkte für überseeisches Kupfer befinden und dadurch gegen uns, die wir nur die **gegen den Bedarf sehr geringe Produktion von Mansfeld** im Inlande haben, schon durch geringere Frachten und bessere Beurteilung der Lage des Marktes bei Einkauf im Vorteile sind."

Tatsächlich ist trotz der starken Zunahme der deutschen Kupferproduktion diese schon seit langem nicht mehr imstande, den Bedarf zu decken. Es betrug[1]:

	die Produktion	der Verbrauch
1890 . . .	24427 t	47407 t
1900 . . .	30929 „	108927 „
1909 . . .	31126 „	179054 „

Die Abhängigkeit Deutschlands vom ausländischen Kupfermarkte hat im Laufe der Zeit ganz bedeutend zugenommen. Noch 1890 betrug der Verbrauch etwa das Doppelte der deutschen Produktion, 1909 dagegen war der Verbrauch schon annähernd sechsmal größer als diese. Da nun die Mansfeldschen Werke ihre Produktion vielfach im Eigenbetriebe verarbeiten, so sind fast sämtliche Konkurrenzunternehmungen Stolbergs auf den Bezug ausländischen Kupfers angewiesen. Die haupt-

---

[1] Die folgenden Statistiken sind, wenn nichts anderes angegeben ist, den statistischen Zusammenstellungen über Blei, Kupfer, Zink usw. von der Metallgesellschaft, der Metallurgischen Gesellschaft A.-G. und der Berg- und Metallbank A.-G., Frankfurt 1910, entnommen.

sächlichsten Kupferländer aber liegen im Westen. Von der Gesamteinfuhr an Rohkupfer, die

	1900	83,503 t,
	1909	154,073 t
betrug, wurden	1900	80,244 t
	1909	152,251 t

aus westlichen Ländern (Vereinigte Staaten, Großbritannien, Spanien, Chile, Australien und Japan) eingeführt. Infolge der immer stärker werdenden Abhängigkeit Deutschlands vom westlichen Kupfermarkte hat sich die Lage der Stolberger Messingindustrie günstiger gestaltet, da es für seinen Kupferbezug keine größeren Transportkosten zu tragen hat als die inländischen Konkurrenzunternehmungen mit Ausnahme derjenigen vielleicht, deren Lage einen völligen Wassertransport ermöglicht, z. B. Altona, Berlin usw.

Die Sanierung der Stolberger Produktionsverhältnisse wurde unterstützt durch die unterschiedliche Preisentwicklung auf den einzelnen Kupfermärkten. So betrugen die Preise pro Tonne[1]:

Jahr	Mansfeld Mk.	Schweden Mk.	London Mk.	Neuyork Lakekupfer Mk.
1831—35	1880	2016	1872	—
1836—40	1900	1832	1902	—
1841—45	1800	1657,6	1772	—
1846—50	1720	1668,3	1754	—
1851—55	1910	2027,2	2208,6	—
1856—60	2220	2038,4	2264	1862,3
1861—65	1930	1747,2	1939	3002
1866—70	1620	1467,2	1554	2195,2
1871—75	1780	1724,8	1762,8	2298,8
1876—80	1450	1360,8	1429,4	1646,4
1881—85	1320	1170,4	1248,8	1368,7
1886—90	1195	1204	1132,4	1136,7
1891—95	1035	915	959,8	967,4
1896—1900	1295	—	1264,6	1205,6

Seit dem Jahre 1866 ist der Durchschnittspreis für Kupfer in London immer niedriger gewesen als für Mansfeldsches Kupfer. Der Unterschied betrug in den Jahren

1866/70	durchschnittlich	66,0 Mk.,
1871/75	„	17,2 „
1876/80	„	20,6 „
1881/85	„	71,2 „
1886/90	„	52,6 „
1891/95	„	75,2 „
1896/1900	„	30,4 „

---

[1] Bernh. Neumann a. a. O. S. 118.

Hand in Hand mit dieser Entwicklung ging die Ausbildung des Verkehrswesens und damit auch eine progressive Transportverbilligung. Noch in den Jahren 1840—1860 rechnete man nach Schmoller[1] pro Tonnenkilometer auf der Chaussee 30—50 Pfennig. Für die 12000 t, die Stolberg in den 40er Jahren durchschnittlich an Messing fabrizierte, waren etwa 8000 Ztr. oder 400 t Rohkupfer erforderlich. Danach würde die Fracht von Amsterdam bis Stolberg bei einem Satz von 30 Pfg. pro Tonnenkilometer bei 249 km (allerdings Eisenbahnlinie) noch immer 74,70 Mk., also für 400 t gleich 29880 Mk. betragen haben. Gleich in der ersten Zeit des Eisenbahnbetriebs wurde nach Schmoller für die feineren Güter eine Verbilligung von 25—50 %, für die schweren Massengüter von noch mehr erzielt. Nach dem heutigen Tarif aber betragen die gesamten Transportkosten mit Einschluß der Löschungskosten von Rotterdam-Stolberg 10 Mk. pro Tonne, von Antwerpen-Stolberg ungefähr das Gleiche. Infolge der Verminderung der Transportkosten vergrößerte sich für die Stolberger Messingindustrie die Möglichkeit, durch Verbesserung der Produktionstechnik einen Ausgleich der durch den ungünstigen Standort vermehrten Produktionskosten herbeizuführen. Seitdem nun die früher skizzierte Preisentwicklung auf dem Kupfermarkte eingesetzt hatte und der noch in den sechziger Jahren bestehende Zoll von 15 Sgr. aufgehoben worden war, war der Rohkupferbezug für sie mindestens ebenso wohlfeil wie für die auf die Versorgung mit Mansfelder Kupfer angewiesenen Werke. Vermehrte der Preisunterschied auch die Abhängigkeit Deutschlands vom ausländischen Kupfermarkt, indem auch vielfach Messingwerke, die sich Mansfelder Kupfer bei billigen Transportkosten beschaffen konnten, nunmehr zur Verwendung ausländischen Kupfers übergehen konnten, so behielt Stolberg wegen seiner guten Lage zu den westeuropäischen Kupfermärkten dennoch eine Vorzugsstellung vor den meisten Konkurrenzunternehmungen des Inlands.

Das Hauptkupferland der Welt bilden heute die Vereinigten Staaten, die etwa 60 % der Weltproduktion liefern. Daher ist der Weltmarkt in hohem Maße von der amerikanischen Ausfuhr abhängig. Diese Abhängigkeit in Verbindung mit anderen Momenten, die hier nicht erörtert werden können, hat im Laufe der letzten Jahrzehnte dazu geführt, daß auf dem Kupfermarkte außerordentlich hohe Preisschwankungen an der Tagesordnung sind, wie aus folgender Tabelle des Jahres 1908 hervorgeht. Es betrugen die Preise:

---

[1] v. Schmoller, Grundriß der allgemeinen Volkswirtschaftslehre, 2 Bde., 1900, II, S. 10.

	Lakekupfer Neuyork	Elektrolytkupfer Neuyork	Standard London	Best Selecter
im	£	£	£	£
Januar	64,2,2	63,6,1	62,9,9	66,13,11
Februar	60,8,2	59,10,4	59,1,0	63,3,8
März	59,7,7	58,11,10	58,15,8	62,7,3
April	59,12,6	58,15,5	58,7,8	61,18,9
Mai	58,19,7	58,2,0	57,10,9	61,1,8
Juni	59,7,9	58,9,2	57,19,8	61,9,5
Juli	59,12,11	58,11,8	58,1,8	61,6,1
August	62,18	62,1,9	60,13,9	63,16,3
September	62,14,6	61,14,11	60,8,6	63,8,11
Oktober	62,18,9	61,11,9	60,5,3	63,7,9
November	66,6,11	65,3,4	63,10,9	63,7,6
Dezember	66,9,3	65,1,7	63,1,5	66,19,0

Die Unterschiede in den Preisen sind außerordentlich hohe. Sie beliefen sich für die einzelnen Kupfersorten in den Monaten Oktober bis November durchschnittlich auf 70 Mk. pro Tonne. Derartige Schwankungen sind weder selten noch außergewöhnlich. Solche Preisdifferenzen bedeuten aber für die Messingindustrie nichts anderes, als daß der geographische Standort des Produktionsprozesses zum Fundort der Rohstoffe auf unserer Wirtschaftsstufe nicht mehr so sehr in Betracht kommt, weil die ungünstigste geographische Lage durch die geschickte Arbeitsleistung des kaufmännischen Leiters zur wirtschaftlich günstigsten gestaltet werden kann. Dies ist um so mehr der Fall, weil das Messinghalbzeug, Blech und Draht, den Kupferpreisschwankungen naturgemäß folgen muß, da es in der Hauptsache aus diesem Material besteht. Da nun die Erfahrung lehrt, daß selbst die kleinsten Abnehmer den Kupfermarkt aufmerksam verfolgen und sich, sobald sie glauben, daß der Markt seinen tiefsten Stand erreicht hat, mit dem nötigen Messing versorgen, so kann, wenn sich der Messingfabrikant nicht rechtzeitig mit dem nötigen Rohstoff versorgt hat, vielleicht die Rentabilität des Unternehmens auf dem Spiele stehen, da er entweder seine Kunden abweisen oder zu hohen Kupferpreisen ein- und zu niedrigen Messingpreisen verkaufen muß. Weil aber infolge des Mußspekulationscharakters der Messinghalbzeugindustrie die Billigkeit der Ware zum Teil von der Qualität des betreffenden kaufmännischen Leiters abhängt, so müssen an sein kaufmännisches und wirtschaftliches Verständnis außerordentlich hohe Anforderungen gestellt werden. Eine Familienunternehmung wird daher vielfach gezwungen sein, fremde Kräfte anzustellen.

Bei rationeller Organisation eines Unternehmens mußte also die hier abgeleitete Aufgabe des Unternehmers in der Beschaffung eines tüchtigen und wirtschaftlich gebildeten kaufmännischen Leiters bestehen. Derartig hochqualifizierte Arbeitskräfte sind aber so teuer, daß nur ein großes, kapitalkräftiges Werk sie ohne Schädigung seiner Rentabilität zu beschäftigen vermag. Da zudem obige Schwankungen sich erst in den letzten Jahrzehnten stärker bemerkbar gemacht haben, ist die Beschaffung geeigneter fremder Leiter eine Aufgabe, deren Durchführung nicht der Vergangenheit, sondern der Gegenwart angehört. Ob nun die für die Lösung notwendigen Garantien durch Übergang der Einzel- in eine Gesellschaftsunternehmung oder auf andere Weise geschaffen werden, bleibt an und für sich gleichgültig. Ein Nachteil aber bleibt trotz der bestmöglichsten Lösung bestehen, nämlich die allzu große Abhängigkeit von der persönlichen Arbeitsleistung einer Einzelperson, die trotz der besten Qualität Schwankungen unterworfen sein kann. Wie dieser Übelstand teilweise zu beseitigen ist, wird später noch auszuführen sein.

Bei der Ausgleichbarkeit der ungünstigen Lage des geographischen Standorts zur Rohstoffquelle müssen die Absatzverhältnisse einen um so entscheidenderen Einfluß auf die Gestaltung der Konkurrenzfähigkeit ausüben. Auch hier spielt der früher so bedeutende Faktor der Transportkostenhöhe infolge der großen Verbilligung der Frachtsätze und der Möglichkeit des Ausgleichs durch guten Einkauf der Rohstoffe einerseits und des Ausbaues der Produktionstechnik anderseits keine allzu große Rolle mehr. Im wesentlichen sind hier andere Gesichtspunkte von ausschlaggebender Bedeutung.

Wegen der starken Preisschwankungen des Kupfers ist die Nachfrage nach Messinghalbzeug bald eine größere, bald eine kleinere. Dieses schwankende Moment der Messingnachfrage ist dadurch bedingt, daß Messing im Notfalle leicht durch andere Stoffe ersetzt werden kann. Die Handelskammerberichte heben dies immer wieder hervor.

1853 heißt es z. B.:

„Die dadurch hervorgerufene Verteuerung der Messingfabrikate hatte für die hiesigen Fabriken eine ziemlich fühlbare Abnahme des Absatzes zur Folge, da manche Geschirre und zur Maschinenfabrikation dienende Teile aus Messing bisheran gefertigt, nunmehr durch das wohlfeilere Eisen und Zinkblech usw. ersetzt wird. Das Quantum des in Stolberg fabrizierten Messings ist dadurch für 1853 um ein paar tausend Zentner weniger gewesen, als das von 1852 und wird sich demnach wohl nicht höher als 8—9000 Zentner belaufen."

Und 1857:

„Lokomotivröhren, die einen ansehnlichen Teil der Fabrikation ausmachen, werden bei den hohen Preisen des Messing vielfach durch eiserne ersetzt."

Gleiche Klagen enthalten die Berichte von 1858, 1860, 1861 und 1862. Sobald jedoch die Kupferpreise sanken, stieg auch die Nachfrage nach Messing. So schreibt z. B. die Stolberger Handelskammer 1872:

„Nachdem das Kupfer seinen früheren gewöhnlichen Preis wieder erreicht und dadurch dem Messing einen festen Wert gegeben hat, hat der Verbrauch in Messing im allgemeinen wieder zugenommen."

1876 heißt es aber wieder:

„Die Nachfrage nach Messingblech und Draht war im letzten Halbjahre bedeutend geringer, als in der ersten Hälfte 1876 und dem vorhergehenden Jahre, was zur Folge hatte, daß die Preise, obgleich Kupfer um 10% gestiegen war, nicht höher gingen."

Und auch heute noch spielt die bald größere, bald geringere Nachfrage nach Messinghalbzeug eine verhängnisvolle Rolle. Da ein bestimmtes Produktionsquantum bei Aufrechterhaltung des Betriebes hergestellt werden muß, so ist die Stolberger Halbzeugindustrie gezwungen, sobald die Nachfrage auf seinem günstigsten Absatzgebiet, dem Inlandsmarkt, das Angebot nicht mehr erfaßt, den Überschuß auf einem ungünstigeren, dem Auslandsmarkt, abzusetzen, um eine Minderung der Generalunkosten zu erzielen. Halten derartige Verhältnisse aber lange an, so kann die Rentabilität des Unternehmens, wie es in Stolberg tatsächlich häufig vorgekommen ist, in Frage gestellt werden. Hier mußte die Tätigkeit eines weitsichtigen Unternehmers einsetzen. Sein Ziel mußte die Festigung der Nachfrage sein, d. h. er mußte sie von den Preisschwankungen des Kupfers unabhängig zu machen suchen. Eine gewisse Absatzstetigkeit konnte aber nur dann erreicht werden, wenn der preisbestimmende Faktor des Fabrikats nicht mehr im Metall- sondern in seinem Gebrauchswert gegeben war. Die Aufgabe konnte also nur gelöst werden, wenn eine Änderung oder vielmehr Erweiterung des Produktionsprozesses in der Art vorgenommen wurde, daß nicht mehr Halbzeug-, sondern Fertigfabrikate als Endprodukte das Werk verließen.

Der Messinggebrauch ist heute nicht mehr so allgemein wie früher. Vor der Erfindung des Porzellans, vor der Entwicklung der Eisenindustrie wurden fast sämtliche Haushaltungsgegenstände aus Messing hergestellt. Diese Herstellung geschah handwerksmäßig und war über weite Gebiete zerstreut. Heute findet man nur noch in den seltensten Fällen einen vollständig aus Messing hergestellten Haushaltungsgegenstand. Als solche kommen nur noch kunstreich gearbeitete Schalen, Becken, Platten usw. in Betracht, die weniger zum Gebrauch als zum Schmuck dienen. Seine hauptsächlichste Verwendung findet Messing heute bei der Herstellung von Uhren, wissenschaftlichen Apparaten, Lampen, Musikinstrumenten, ferner bei feineren Teilen von Maschinen, bei Schlössern, Schrauben usw. Alle diese Verwendungsarten erfordern entweder ganz besonders qualifizierte Arbeitskräfte, oder sie eignen sich zur Massenfabrikation. So ist die Lampenfabrikation hauptsächlich in Berlin, die Musikinstrumentenindustrie in Trossingen, die Uhrenfabrikation im Schwarzwald heimisch geworden. In Iserlohn werden alle Arten von kleineren Gegenständen aus Messing hergestellt, wie Fensterverzierungen (Gardinenleisten, Gardinenarme), Möbelbeschläge, Spiegel- und Bilderrahmen, Kron- und Wandleuchter; ferner Pfeifenbeschläge, Schlüsselbüchsen, Türschilder, Schloßbeschläge usw.[1] Die Konzentration der Halbzeugkonsumenten an bestimmten Orten ermöglicht auch die Entstehung von Halbzeugwerken in unmittelbarer Nähe der Kunden. Dies hat z. B. eines der Stolberger Halbzeugwerke zu seinem Schaden erfahren müssen, welches früher den größten Teil seiner Produktion an die Berliner Lampenfabrikanten abgab. Sobald in Berlin selbst Halbzeugfabriken entstanden, fanden die dortigen Abnehmer es bequemer, sich ihr Rohmaterial mit der Fuhre an ihre Arbeitsstätte anfahren zu lassen, so daß dem Stolberger Unternehmen das dortige Absatzgebiet vollständig verloren ging. Die Vorteile, die ein am Absatzort errichtetes Unternehmen vor anderen hat, sind mancherlei Art. Sie bestehen abgesehen von dem Vorteil der persönlichen Bekanntschaft der beiderseitigen Leiter

1. in einer Ersparnis an Transportkosten. Letztere bestehen nicht nur in dem einfachen Transport des Messinghalbzeugs vom Produktions- zum Gebrauchsort, sondern auch in dem Rücktransport des Abfalls. So ist z. B. die Stolberger Messinghalbzeugindustrie eine der Hauptlieferanten der Schwarzwälder Uhrenfabrikation. Diese arbeiten mit einem Abfall von zirka 50%, den die Stolberger Werke zurücknehmen müssen. Angenommen die Fracht von Stolberg bis dort koste pro 100 kg 4 Mk., so beträgt sie einschließlich des Rücktransportes schon 6 Mk. Ein am Produktionsort der Fertigindustrie errichtetes Halbzeugwerk könnte bei sonst gleichen Produktionskosten das Messing um ungefähr 5 Mk. pro 100 kg billiger liefern.

2. in der besseren Anpassungsmöglichkeit der Halbzeugfabrikation an die besonderen Bedürfnisse der betreffenden Fertigindustrie. Die Zusammensetzung des Messings ist je nach seinem Verwendungszweck eine außerordentlich verschiedene. Bischoff sagt hierüber[2]:

„Gelbguß ist im allgemeinen aus 2 Kupfer und 1 Zink, oder aus 7 Kupfer und 3 Zink zusammengesetzt. Indessen

---
[1] Bischoff, Das Kupfer und seine Legierungen. Berlin 1865, S. 195.
[2] Bischoff a. a. O. S. 159.

ergeben sich auch hier noch wesentliche Unterschiede, je nach der Verwendung des Metalles, so daß die Menge des Zinkes bis 50 % aufwärts und bis 20 % abwärts betragen kann."

Wenn daher ein Werk für einen im wesentlichen bestimmten Kreis von Abnehmern arbeitet, die im allgemeinen die gleichen Anforderungen an die Beschaffenheit des betreffenden Rohmaterials stellen, so kann einerseits eine Vereinheitlichung und damit auch eine Beschleunigung des Betriebes erzielt und anderseits kann intensiver für die Verbesserung des Materials gearbeitet werden.

Die Konzentration des Absatzes, die zur Folge hat, daß an eine verhältnismäßig kleine Anzahl von Kunden in großen Quantitäten geliefert wird, birgt immer die Gefahr in sich, daß durch Entstehung wirtschaftlich begünstigter Konkurrenzunternehmungen ein großer Teil des Absatzes absorbiert wird. Zwei Aufgaben mußten gelöst werden, um diesen Übelstand zu beseitigen. Zunächst mußten dem Absatz neue und sichere Quellen erschlossen und dann mußte er stabilisiert werden. Beide Ziele waren am besten durch **Eigenverarbeitung des produzierten Halbzeugs** zu erreichen. Dadurch verschaffte man sich einmal einen ständigen und sicheren Abnehmer für die Halbzeugfabrikate; andererseits konnte man durch Herstellung von letzten Verbrauchsartikeln den Absatz über das ganze konsumierende Publikum zerstreuen und sich unabhängig von dem guten Willen einzelner machen. Das Prymsche Werk in Stolberg zählt heute allein in Deutschland zirka 10—15 000 Abnehmer.

Wurde der oben angegebene Weg beschritten, so gelangte man zu anderen erwähnenswerten Vorteilen. Die Kombination von Fertig- und Halbzeugindustrie mußte eine Wertsteigerung der Produkte zur Folge haben, welche die Bedeutung „der Transportkosten des Fabrikats im Verhältnis zu seinem Gesamtpreis"[1] auf ein Minimum herabdrückte. Damit aber verringerte sich auch die Bedeutung der ungünstigen peripherischen Lage Stolbergs zu seinem Absatzgebiet. Gelang es dann der neu entstehenden Stolberger Fertigindustrie durch Qualitätssteigerung des Erzeugnisses eine gewisse künstliche Monopolstellung auf dem Weltmarkte zu erlangen, so konnte die ungünstige, peripherische wieder in eine wirtschaftlich günstige, zentrale Lage zum Absatzgebiet verwandelt werden. Durch genannte Kombination mußte auch die früher geschilderte starke Abhängigkeit des Unternehmens von der persönlichen Arbeitsleistung des kaufmännischen Leiters gemindert werden. Wenn der Hauptabsatz eines Werkes in solchen Fertigfabrikaten besteht, die den Schwankungen der

---

[1] H. Schumacher, Die Wanderungen der Industrie in Deutschland und in den Vereinigten Staaten. Hamburg 1909.

Metallpreise nicht folgen, so kann zwar die Rentabilität des Unternehmens durch eine schlechte Arbeitsleistung des kaufmännischen Leiters geschmälert, aber nur in den seltensten Fällen in Frage gestellt werden, weil die Metall- gegenüber den Arbeitskosten nur einen verschwindend kleinen Teil der Produktionskosten ausmachen. Durch eine derartige Kombination hat man den großen Einfluß des persönlichen Arbeitsfaktors auf die Erzeugung der Billigkeit der Waren entlastet und ihn einem anderen, dem Kapitalfaktor, der mit gleichbleibender Qualität arbeitet, übertragen.

Eine Erweiterung des Marktes durch Schaffung einer billigen Ware kann ferner durch rationellen Ausbau des Produktionsprozesses, d. h. durch möglichst intensive Anwendung des Kapital- und Arbeitsfaktors bewirkt werden. Betrachtet man zunächst den Arbeitsfaktor, so kann eine Verbilligung einmal durch Konzentration hochqualifizierter und stärkerer Verwendung ungelernter Arbeit im kaufmännischen und technischen Betrieb erfolgen.

Was den kaufmännischen Betrieb angeht, so kann dieser Weg nur dann beschritten werden, wenn der Betrieb eine gewisse Größe erreicht hat. Je größer aber der Betrieb, desto größer auch der Prozentsatz der Verbilligung. Die Größe des kaufmännischen Betriebes hängt aber von der Ausdehnung des technischen ab, diese ist wiederum bedingt durch die Größe des Absatzes. Das beste Mittel zur Erweiterung des Marktes ist, wie früher gezeigt, die Verarbeitung des Halbzeugs im Eigenbetrieb. Diese bietet aber auch die Möglichkeit der prozentualen Ermäßigung der kaufmännischen Arbeitskosten. Würden z. B. die Ausgaben für den kaufmännischen Betrieb im Gesamtbetrage von 20 000 Mk. etwa 10 % der gesamten Produktionskosten ausmachen, so würden bei einer Verdoppelung der Produktion obige Arbeitskosten nicht 40 000 Mk., sondern nur etwa 30 000 Mk. betragen, da das Mehr an kaufmännischer Arbeit durch Anstellung von Hilfskräften unter gleichzeitiger, zweckentsprechender Organisation des kaufmännischen Arbeitsprozesses bewältigt werden könnte. Damit würden die Auslagen für diesen Teil des Produktionsprozesses von 10 auf 7,5 % ermäßigt worden sein, so daß also eine Ersparnis von 2,5 % erzielt worden ist. In Stolberg beschäftigt die Firma

William Prym . . . . über 200 kaufm. Angestellte,
Mathias L. Schleicher Sohn etwa 12—15 „   „
von Asten & Lynen . . . „   10   „   „   .

Bei den beiden letzten Werken ist die Möglichkeit der Konzentration hochqualifizierter Arbeit und eine stärkere Verwendung von Hilfskräften nicht möglich, weil immer eine gewisse Zahl von qualifizierten Arbeitskräften beschäftigt werden muß. Anders dagegen bei Prym. Dort beträgt die Zahl der

qualifizierten Arbeitskräfte höchstens $^1/_5$—$^1/_4$ der Angestellten, von den eigentlichen Leitern abgesehen. Die besser gelernten kaufmännischen Arbeitskräfte zerfallen in d r e i Klassen. Diese sind:
1. Vertreter der Abteilungschefs, Reisende, Korrespondenten, Buchhalter, alle mit Kenntnis mindestens mehrerer fremden Sprachen in Wort und Schrift.
2. Dieselben außer Vertreter der Abteilungschefs mit Kenntnis mindestens einer fremden Sprache in Wort und Schrift.
3. Dieselben ohne Sprachkenntnisse.

Diesen steht eine große Menge von billigeren, kaufmännischen Hilfskräften[1], 150—160 Personen gegenüber. Sie zerfallen abermals in einzelne Klassen:
1. Hilfskorrespondenten, Stenographen, Maschinenschreiber, Hilfsbuchhalter die doppelte Buchführung beherrschend und mit Sprachkenntnissen.
2. Hilfskorrespondenten usw. (wie oben) ohne Sprachkenntnisse, dazu Versandkollationisten I. Klasse mit gründlichen Waren- und Verpackungskenntnissen, Schreiber I. Klasse, Fakturisten, Kalkulatoren.
3. Lageristen in der Fabrik, Versandkollationisten II. Klasse, Schreiber II. Klasse, Magazinvorsteher.
4. Verwieger in der Fabrik, Platzmeister, Rapportführer.
5. Lehrlinge.
6. Laufburschen.

Verbilligung des Produktionsprozesses durch Konzentration hochqualifizierter und stärkerer Verwendung billigerer Arbeitskräfte kann nur durch Vergrößerung des Betriebes erreicht werden. Während aber im kaufmännischen Betrieb jede Vergrößerung obige Wirkung erzielt, ist dies im technischen Produktionsprozeß nicht der Fall. Die Steigerung der Halb-

---

[1] Für die Bereitstellung derartiger Hilfskräfte hat sich der im Jahre 1885 gegründete Stenographenverein durch Pflege und Verbreitung der Kurzschrift große Verdienste erworben.

Seit dem Jahre 1898 nimmt die Tätigkeit des Vereins einen größeren Umfang an, indem er ausdrücklich auch das Streben nach Schaffung von Mitteln für die weitere berufliche Fortbildung der Mitglieder als Zweck des Vereins bezeichnet.

Die Bestrebungen zur Erreichung des neu hinzugekommenen Zieles erfuhren in der Folgezeit eine verschiedene Entwicklung; sie trennten sich in Bestrebungen zur Hebung der kaufmännischen Fortbildung der jüngeren und in solche für ältere Angestellte. Die ersteren konzentrierten sich auf die Errichtung einer kaufmännischen Fortbildungsschule mit Fachunterricht, die zweiten äußerten sich in der Einrichtung von Unterrichtskursen und Vortragsreihen. Das erste Ziel wurde erreicht, indem man die Handelskammer für die Errichtung einer kaufmännischen Fortbildungsschule interessierte, unter deren Ägide im Jahre 1903 mit Genehmigung der Königlichen Regierung eine solche eingerichtet und im Jahre 1909 von der Stadt übernommen wurde. Das zweite Ziel suchte man zu erreichen, indem Unterrichtskurse eingerichtet und Vorträge nationalökonomischer, handelsrechtlicher usw. Art gehalten wurden.

zeugproduktion hat im wesentlichen nur eine Verringerung der relativen Kostenhöhe für das Aufsichtspersonal zur Folge. Eine stärkere Verwendung billigerer Arbeitskräfte ist hier nicht möglich, weil es sich einmal um eine schwere Industrie handelt, und weil anderseits jeder neue Ofen, jede neue Walzenstraße die gleiche Zahl und die gleiche Qualität von Arbeitskräften erfordert wie die früher eingerichteten. Nur durch Verbindung der Fertigfabrikation mit der Halbzeugindustrie und der dadurch ermöglichten ausgedehnten Anwendung von Arbeitsmaschinen kann dieses Ziel erreicht werden. Als Beweis für diese Behauptung diene nachfolgende Tabelle, bei der die Firma William Prym die stärkste Kombination von Halbzeug- und Fertigindustrie darstellt, die Firma Schleicher geringe Fertigindustrie neben starker Halbzeugfabrikation betreibt und die Firma von Asten & Lynen ein reines Halbzeugwerk ist. Unter männlichen Arbeitskräften sind nur die vollen Arbeiter verstanden, unter den billigeren die Frauen und Jugendlichen. Es wurden beschäftigt in der Firma:

Jahr	I. William Prym		II. Schleicher		III. v. Asten & Lynen	
	männliche Arbeitskräfte	billigere Arbeitskräfte	männliche Arbeitskräfte	billigere Arbeitskräfte	männliche Arbeitskräfte	billigere Arbeitskräfte
1877	25	28	63	22	—	—
1893	263	499	64	6	79	9
1894	248	648	158	42	72	6
1895	249	538	187	51	70	6
1896	303	488	168	57	79	6
1897	320	526	167	54	74	6
1898	337	590	184	62	117	4
1899	324	579	170[1]	68[1]	98	4
1901	409	805	173	62	78	1
1902	467	592	189	71	55	1
1903	476	677	232	65	65	—
1904	525	721	224	71	66	—
1905	560	788	232	74	67	1
1906	588	724	243	78	90	4
1907	560	821	232	74	67	3
1908	—	—	—	—	—	—
1909	636	975	236	60	81	1
1910	879	1041	249	66	113	2

[1] Im Verwaltungsbericht von 1899 werden bei der Firma Schleicher angeführt:

männliche Arbeiter über 16 Jahre 70,
„   „   unter 16   „   11,
weibliche   „   über 16   „   144,
„   „   unter 16   „   13,

also zusammen 168 billigere Arbeitskräfte. Diese Angaben können augenscheinlich nur auf einem Druck- oder Schreibfehler beruhen.

Eine Verbilligung durch bessere Verwendung und Ausnutzung des Kapitalfaktors kann an die bestehenden Kapitalinvestierungen anknüpfend dadurch erfolgen, daß man diese durch zweckentsprechendere ersetzt. Der Produktionsprozeß besteht in der Messingindustrie aus dem Schmelz- und dem Verarbeitungsprozeß. Ursprünglich bildeten die Rohstoffe des ersteren Galmei und Kupfer. Dabei zerfiel der Schmelzprozeß in zwei Etappen. In der ersten erhielt man durch Mischung von drei Teilen Kupfer, fünf Teilen gerösteten Galmeis und zwei Teilen Kohlenstaub das Arco, Roh- oder Mengemessing. Durch eine zweite Schmelzung erhielt man dann den Tafelmessing. In Stolberg vollzog sich nach der Jacobischen Aufstellung der Schmelzprozeß folgendermaßen. Jeder Ofen erzeugte 240 Mengen pro Jahr. Um diese zu erhalten, mischte man 14440 Pfd. Stolberger Galmei mit 9600 Pfd. Kupfer. Der Tafelmessing bestand aus:

    18 Pfd. Kupfer,
    7—8 Pfd. Messingabfall,
    20 Pfd. Altenberger Galmei,
    30 Pfd. Stolberger Galmei.

Dieser Schmelzprozeß war nach Bischoff[1] aus zwei Gründen unvorteilhaft und zwar

1. wegen des großen Zeitverlustes, da jeder Brand 10 bis 12 Stunden dauerte und

2. wegen der Höhe der Schmelzkosten. Auf jeden Zentner Messing kamen $3^1/_2$ Ztr. Steinkohlen.

Im Jahre 1865 dauerte in Iserlohn der Schmelzprozeß in den Messingbrennöfen nur noch zwei Stunden und es wurde bei der Gewinnung von 1 Ztr. Messing 1 Ztr. Steinkohlen verbraucht. Heute dauert er in Stolberg $1^1/_2$—2 Stunden, wobei jeder Zentner Messing 20 Pfg. Brennmaterial erfordert.

Die Formen zum Gießen der Tafeln bestanden früher aus Granitplatten. Sie wurden von den Stolberger Kupfermeistern aus der Normandie bezogen. Jeder Gießstein kostete nach Jacobi bis Köln geliefert 50 Rthr. Diese Granitgießformen waren nach Bischof noch 1865 in Gebrauch. Ein Versuch, dieses teuere Material durch Gußeisen oder tönerne Formen zu ersetzen, blieb ohne Erfolg, „weil das Messing in diesen Formen zu schnell erstarrt und infolge davon fehlerhafte Platten liefert"[2]. In Iserlohn und Wien goß man damals in Sandformen. Heute ist es gelungen, die entgegenstehenden Schwierigkeiten zu überwinden und das Eisen für eine Messinggußform geeignet zu machen. Eine solche Form kostet 200 Mk. Der Vorzug besteht darin, daß ein Gießstein früher höchstens

---

[1] Bischoff a. a. O. S. 168/169.
[2] Ebenda S. 172.

ein Jahr aushielt, heute dagegen die Gußform eine Benutzungsdauer von 3—5 Jahren hat.

Die Weiterverarbeitung des gewonnenen Messings zu Blech erfolgte durch die Mühlenwerke, deren in Stolberg 1773 etwa 70 vorhanden waren, die Verarbeitung des Blechs zu Kesseln durch die Tiefmühlen, deren in und bei Stolberg etwa 30 existierten. Während die Tiefhämmer in der Firma Math. L. Schleicher Sohn noch heute in Gebrauch sind — die Produktion an Kesseln ist allerdings gering — haben die Mühlenhämmer besseren Einrichtungen, den Walzen, weichen müssen. Zur Drahterzeugung dienten in der Aachener Messingindustrie Handmühlen [1], die in Stolberg durch Wassermühlen ersetzt wurden. Diese mußten im Anfang des 19. Jahrhunderts den Scheibendrahtzügen Platz machen, die heute durch die Drahtmaschine verdrängt werden, welche die Arbeit des Umspannens auf die einzelnen Drahtzüge erspart. Auch hier hat ein Ersatz der Streckhämmer durch das Walzsystem stattgefunden. In Stolberg wurden die ersten Messingwalzen von Laurenz Wilhelm Schleicher auf der oberen Buschmühle im ersten Jahrzehnt des 19. Jahrhunderts eingeführt. Dieser legte in der Kuhklauer Mühle auch den ersten Scheibendrahtzug in Stolberg an [2].

Bis Mitte der 70er Jahre des vorigen Jahrhunderts blieb die treibende Kraft in Stolberg das Wasser. Trotz des großen Vorzugs der Billigkeit sind die Nachteile, die seine Verwendung im Produktionsprozeß im Gefolge hat, außerordentlich große. Die Verwendung der Wasserkraft macht den Betrieb langsam, unkontinuierlich und beschränkt. Die Billigkeit und das reichliche Vorhandensein dieser Kraftquelle veranlaßte die Stolberger Kupfermeister, sie bis in die Mitte der 70er Jahre beizubehalten. Dieses konservative Festhalten am Alten trug mit dazu bei, daß in den 50er Jahren die Stolberger Produktion von Jahr zu Jahr zurückging. Der Handelskammerbericht vom Jahre 1857 sagt:

„Dieser Ausfall (ein paar Tausend Zentner betragend) ist entstanden durch den **beispiellosen Wassermangel**, mit dem die in der letzten Hälfte des Jahres mit Wasser arbeitenden Werke zu kämpfen hatten und wobei nur ein weit geringeres Quantum gefertigt werden konnte."

Gleiche Klagen enthalten die Berichte der folgenden Jahre. Der Ersatz der Wasser- durch die Dampfkraft mußte

1. infolge der gesteigerten Kraftmenge eine Produktionsbeschleunigung,
2. infolge der stets vorhandenen gleichen Kraftsumme die Kontinuität,

---

[1] R. A. Peltzer a. a. O. S. 121.
[2] Schleichersche Denkschrift S. 9.

3. infolge der Möglichkeit der beliebigen Steigerung der Kraftmenge die Möglichkeit der beliebigen Vergrößerung des Betriebes

zur Folge haben.

Am 19. Juli 1875 wurde der Firma William Prym die Konzession zur Anlegung einer Dampfkesselröhrenanlage erteilt. Im Handelskammerbericht von 1876 heißt es:

„Im Laufe des Jahres 1876 wurde eins der hiesigen Messingwerke, welches sich mit der Fabrikation von Blechen, Draht und Kesselwerk befaßt, bedeutend vergrößert, indem statt der früheren Wasserkräfte Dampfbetrieb eingerichtet wurde."

Es war dies das Messingwerk von Mathias Ludolf Schleicher Sohn, welches noch heute besteht. Dieser Anlage war ein vollständiger Neubau vorhergegangen. In den Akten der Bürgermeisterei Stolberg heißt es unter dem 4. Juni 1875:

„Die Messingfabrikanten Emil & Walter Schleicher, Söhne des verstorbenen Commercienrathes Eduard Schleicher und gegenwärtige Inhaber der Firma Mathias Ludolf Schleicher Sohn beabsichtigen in der Nähe des Untersten Hofes die Anlage des auf beifolgendem Plane näher angegebenen Etablissements, welches bestimmt sein soll, ihre an der Atsch belegenen und an die chemische Fabrik Rhenania verkauften Fabrikgebäude zu ersetzen."

Diese Neuanlage wird samt einer Dampfmaschinen- und Dampfkesselanlage am 20. März 1876 konzessioniert. Die Kräftebenutzung nach dem Stand vom 1. Dezember 1877 war folgende (Akten d. Bürgerm.). Es waren vorhanden bei der Firma

	Dampfmaschinen			Wasserräder		
	a. stationierte	b. transportable	c. Pferdestärken	Zahl	Pferdestärken	Insgesamt
William Prym	2	—	65	4	40	105
Schleicher	2	1	130	1	5	133

Am 12. Februar 1884 suchte auch die dritte noch heute in Stolberg bestehende Messingfirma von Asten und Lynen, deren Anlagen in Stolberg während der letzten Jahre nicht mehr in Betrieb gewesen waren, die Erlaubnis zur Anlage eines neuen Messingwerkes nach, die auch am 26. März 1884 erteilt wurde. Die neue Anlage sollte bestehen aus:
1. drei Walzenpaaren,
2. vier Retortenglühöfen,
3. einem Dampfkessel,
4. vier kleinen Schmelzöfen, die nachträglich angebracht und genehmigt wurden.

Daß die in Stolberg bestehenden Messingwerke erst seit der Mitte der 70er Jahre nach modernen Gesichtspunkten umgestaltet wurden, ist nicht rein zufällig. Die Umgestaltung war bedingt durch das schnell wachsende Wirtschaftsleben der damaligen Zeit, die günstige Entwicklung des Kupfermarktes und durch die Verbesserungen auf dem Gebiet des Transportwesens. Erst in der letzten Hälfte der 60er Jahre waren die Preise auf dem westeuropäischen Kupfermarkte niedriger als für Mansfeldsches Kupfer, wodurch, wie ausgeführt, eine Steigerung der Konkurrenzfähigkeit Stolbergs erzielt wurde. Diese bot aber erst die nötige Garantie dafür, daß das für die Verbesserung der Produktionstechnik aufgewendete Kapital rentabel sein würde.

Seit 1900 ist die Firma William Prym vom Dampfbetrieb zur Elektrizität übergegangen. Der Kraftbedarf dieses Werkes stieg in obigem Jahre um etwa 100%, von zirka 600 auf 1200 Pferdestärken und mehr. Um den plötzlich aufgetretenen Mehrbedarf zu decken, wurde zum elektrischen Betrieb übergegangen und das fehlende Quantum von der Urfttalsperrgesellschaft entnommen. Da sich diese Art der Kraftbeschaffung auf die Dauer als zu teuer herausstellte, ging das Werk nach und nach dazu über die gesamte Kraftmenge, etwa 1400 Pferdestärken, im Eigenbetriebe zu erzeugen. Der Übergang zum elektrischen Betriebe hatte

1. eine bessere Ausnützung des Gebäudekapitals durch eine zweckentsprechendere Anordnung der Arbeitsmaschinen und

2. eine Verminderung des Kraftverlustes infolge Wegfalls der Transmissionen und der Verminderung des Leerlaufs wegen der Möglichkeit des sofortigen Ausschaltens bestimmter Maschinen aus dem Kraftkreis zur Folge.

Der rationelle Ausbau des Produktionsprozesses durfte sich aber nicht auf die Verbesserung des Kapitalfaktors beschränken, sondern mußte ihn auch zu vermehren trachten. Unter Vermehrung darf hier nicht die absolute Steigerung durch häufigere Verwendung schon im Betrieb vorhandener Kapitalanlagen verstanden werden, sondern die relative Steigerung d. h. der Vermehrung des Kapitalfaktors unter gleichzeitiger Verminderung der persönlichen Arbeit. Die absolute Vermehrung ist abhängig vom Absatz. Da aber der Absatz in Halbzeugfabrikaten am wirksamsten durch Eigenverarbeitung vermehrt werden kann, so kann auch die absolute Steigerung des Kapitalfaktors durch Kombination der Fertigindustrie mit der Halbzeugfabrikation am ehesten erreicht werden. Die Größe der relativen Steigerungsmöglichkeit hängt ab von der Länge des Produktionsprozesses. Sie ist verschieden groß in den einzelnen Etappen der Fabrikationstätigkeit. Geringer ist die Möglichkeit im ersten, größer im zweiten und letzten Stadium. Daher sind auch die Vorteile, die sich in der Messing-Fertigindustrie durch häufigere Verwendung von Arbeitsmaschinen erzielen lassen, ungleich größer als bei der Fabrikation von Halbzeug. Dazu kommt, daß der Ausbau des Schmelz- und Walzprozesses usw. auf allgemein bekannten wissenschaftlichen Erkenntnissen basiert, die in allen Konkurrenzunternehmungen fast gleichmäßig angewendet werden. Im Eigenbetriebe aber eine eigne planmäßige Versuchstätigkeit in dieser Richtung auszuüben ist bei der Unsicherheit des Erfolges und dem großen Kostenaufwand für kleine Halbzeugwerke ein Ding der Unmöglichkeit. Aus diesen Gründen ist ein ausschlaggebender Erfolg durch die vorher geschilderte Kapitalvermehrung in der Halbzeugindustrie nicht so leicht zu erzielen. Anders verhält es sich mit den Arbeitsmaschinen der Fertigfabrikation. Ihre Konstruktion beruht zwar auch auf wissenschaftlichen Erkenntnissen, die jedoch auf ein neues, im wesentlichen noch gar nicht benutztes Arbeitsfeld angewendet werden sollen. Daher ist hier das Verhältnis von Aufwand und Ertrag ein viel günstigeres. Zudem erfordert eine solche Arbeit die genaue Kenntnis der speziellen Verhältnisse des betreffenden Produktionsprozesses. Daher wird sie am besten im Eigenbetriebe von solchen Leuten geleistet, die mit einer gründlichen technischen Fachbildung eine genaue Kenntnis des betreffenden Produktionsprozesses verbinden. Derartige Leute müssen aber schon so wie so in einer Kombinationsunternehmung beschäftigt werden, so daß ihre Versuchstätigkeit nebenher vor sich geht und im allgemeinen eine rein private Arbeit darstellt; daher vermag das Unternehmen selbst Verbesserungen der Produktionstechnik mit den billigsten Mitteln zu erreichen. Das ist gerade in der ersten Zeit der Entwicklung einer neuen Fertigindustrie von großer Wichtigkeit. Sind dann aber die ersten Anfänge des Entwicklungsprozesses überwunden, so kann und muß vielfach auch eine rationelle, planmäßige Versuchstätigkeit einsetzen. Die Arbeitserfolge einer derartigen Versuchstätigkeit vermögen dann einem Unternehmen eine Vorzugsstellung auf dem Markte zu verschaffen, wie es tatsächlich der Firma Prym gelungen ist. Die außerordentliche Vermehrung des Kapitalfaktors auf Kosten des persönlichen Arbeitsfaktors kann am besten durch Beschreibung einiger Produktionsprozesse von früher und jetzt geschildert werden.

Die Sicherheitsnadel wurde früher so hergestellt, daß der geformte Schaft der Nadel einer Maschine zugeführt wurde, die der Nadel ihre Form gab. Eine andere Maschine stellte die Kapsel her. Diese mußte dann in der Hausindustrie auf die Nadel aufgesetzt werden, worauf das Feststanzen der Kapsel früher auf Fußapparaten, später auf Kraftmaschinen in der Art geschah, daß jede einzelne Nadel von Mädchen unter die betreffende Stanze eingeführt werden mußte. Heute besorgt diese verschiedenen Arbeiten eine einzige Maschine automatisch. Eine ganze Menge von einer anderen Maschine

zugespitzter Drahtschafte werden in den Behälter der Sicherheitsnadelmaschine hineingelegt. Alsdann verrichtet die Maschine vollständig selbsttätig folgende Arbeiten:
1. Zuführung des Schaftes zur Arbeitsstelle.
2. Biegen der Nadel.
3. Formen der Kapsel.
4. Zuführung der Kapsel auf die Nadel.
5. Feststanzen der Kapsel.
6. Auswerfen der fertigen Nadel.

Die Druckknopffabrikation geschah noch vor einigen Jahren so, daß die erste Unterteilmaschine die Unterteile einzeln ausstanzte, die zweite Unterteilmaschine den Kopf eindrückte, so daß die Feder ihren Halt darin findet. Eine dritte Maschine arbeitete den Federteil vor, indem sie den Kopf durchdrückte, Randverzierungen anbrachte und die Annählöcher ausstanzte. Die vierte Maschine schnitt den Kopf aus und zog den Rand hoch. Eine weitere Maschine stellte die Federn her. Diese mußten dann in der Hausindustrie meistens von Kindern, weil die Arbeit ganz feine Finger erforderte, eingelegt werden, eine Arbeit, die per Groß mit 5 bis 10 Pf. bezahlt wurde, worauf die letzte Maschine die Ränder der mittels Handarbeit einzeln einer Stange zugeführten Knöpfe über die Feder umlegte. Heute ist bei der ersten Maschine eine Verbesserung insofern erzielt worden, als sie das Fünffache in der gleichen Zeit leistet, da die Unterteile zu fünf nebeneinander ausgestanzt werden. Ferner wird das Federteil heute von einer einzigen Maschine hergestellt, d. h. diese besorgt die Arbeit, welche früher von drei Maschinen und der Hausindustrie geleistet wurde, indem sie das Federteil ausstanzt, die Feder einlegt und den hochgezogenen Rand des Knopfes nachher über die Feder umbiegt.

Aus der Kettenfabrikation sei zum Schluß noch die sogenannte Patentkettenmaschine herausgegriffen. Die einzelnen Glieder dieser Kette wurden früher mit einem 5—6 Mal größeren Abfall als heute von einer Maschine ausgestanzt. Die einzelnen Glieder mußten dann in der Hausindustrie um einen Stift herum einzeln umgebogen und ineinander gesteckt werden. Sie kamen alsdann zur Fabrik zurück und wurden dort flach gestanzt. Die neue Maschine schneidet die Glieder aus, führt die einzelnen Glieder automatisch der Arbeitsstelle zu, hängt sie dort ineinander und drückt sie zusammen.

Ähnliche Verbesserungen sind in allen Fabrikationszweigen der Prymschen Fertigindustrie durchgeführt worden. Sie richten sich planmäßig:
1. auf Verminderung des Abfalls,
2. auf Beschleunigung des Produktionsprozesses durch vermehrte Arbeitsleistung der Maschinen,

3. auf Verminderung der persönlichen Arbeitsleistung in der Fabrik,
4. auf Ausschaltung der Hausindustrie aus dem Produktionsprozeß.

Gerade das letzte Moment war eine der Haupttriebfedern für die immer intensivere Anwendung des Kapitalfaktors im Prymschen Produktionsprozeß. Die ständig wachsende Produktion erforderte eine immer größer werdende Zahl von Heimarbeitern, die Stolberg allein nicht mehr stellen konnte. So sahen sich denn die Unternehmer genötigt, ihre Fabrikate über die Grenzen Stolbergs hinaus bis tief in die Eifel hinein in Heimarbeit zu geben. Daher erforderte schon der Mangel an Arbeitskräften die ständige Intensivierung der Produktionstechnik. Auch heute noch hat die Heimarbeit in Stolberg einen ansehnlichen Umfang.

Aus der im vorstehenden gegebenen Beschreibung einzelner Arbeitsmaschinen geht hervor, daß früher fast jede einzelne Maschine eine bedienende Kraft verlangte. Dazu kam auf mehrere Maschinen ein Schlosser, der das Stellen der Maschine und kleinere Reparaturen besorgte. Heute bedienen drei Personen, wovon zwei Hilfskräfte, 10—15 Maschinen. Von diesen ist der erste ein gelernter Schlosser, der die Maschine stellt und richtet, der zweite eine männliche Hilfskraft zur Unterstützung des Schlossers und zum Aufspannen des Materials, die dritte ein Mädchen, dem das Nachsehen der gefertigten Ware obliegt.

Sollte das Ziel durch Intensivierung des Betriebs eine Vorzugsstellung auf dem Markte zu erlangen erreicht werden, so mußte dafür gesorgt werden, daß der Konkurrenz die neuen Maschinen unzugänglich blieben. Der Schutz, den die Patentgesetzgebung gewährt, ist teuer und vielfach namentlich ausländischen Konkurrenten gegenüber nicht ausreichend. Daher mußten die Unternehmer vor allem versuchen, die errungenen technischen Vorteile so lange wie möglich geheim zu halten. Diese Bestrebungen führten zur Herstellung der Maschinen im Eigenbetriebe, die bei dem großen Bedarf auch aus wirtschaftlichen Gründen geboten erschien. Die Maschinenabteilung der Firma Prym in Stolberg beschäftigt heute etwa 100 Arbeiter. Die große Bedeutung der Maschinen erforderte auch hier noch eine besondere Organisation. Nur die rohen Teile werden in der eigentlichen Maschinenfabrik angefertigt; die Details werden in den betreffenden Abteilungen von einzelnen hochbezahlten Qualitätsarbeitern angebracht. Die mit dem Stellen usw. der Maschinen beauftragten Schlosser sind sorgsam ausgewählt und von einer derartigen Qualität, daß sie zwar einzelne Reparaturen anfertigen, aber wegen ihrer ungenügenden theoretischen Ausbildung keinen genügenden Einblick in das Wesen der Konstruktion erlangen können, um mit Hilfe einer Zeichnung eine Maschine nachzubauen. Durch diese Organisation wird bewirkt, daß immer nur ganz wenige Personen und diese wiederum nur mit den Maschinen eines einzelnen Fabrikationszweiges bekannt werden.

Wirft man einen kurzen Rückblick auf vorstehende Ausführungen, so ist festzustellen, daß die Hauptnachteile des Stolberger Produktionsprozesses durch sein Verhältnis zum Absatzgebiet bedingt waren. Sie bestanden, wie ausgeführt,
1. in der schwankenden Nachfrage auf dem Messingmarkte,
2. in der starken Abhängigkeit von einem kleinen Kundenkreis, und
3. in der Höhe der Transportkosten.

Verstärkt wurden sie durch die große Abhängigkeit von der Qualität des kaufmännischen Leiters und durch die geringe Möglichkeit der Erlangung einer Vorzugsstellung durch rationelle Intensivierung des Produktionsprozesses der Halbzeugindustrie. Der einzige Weg, alle diese Nachteile zu beseitigen und in günstige Produktionsbedingungen zu verwandeln, war der der Kombination der Halbzeugindustrie mit einer zweckentsprechenden Fertigfabrikation.

2. Aufgaben zur Erzeugung einer Qualitätsware.

Eine Qualitätsware kann man zunächst durch Verwendung der besten Rohstoffe erhalten. In früheren Zeiten konnte die Stolberger Messingindustrie durch ausgiebigen Gebrauch des reinen Altenberger Galmei leicht eine qualitativ gute Ware erzeugen. Heute ist die Möglichkeit dazu verloren. Wenn auch die Vieille Montagne, wie ehemals der Altenberg den besten Galmei, das für die Messingfabrikation geeignetste Zink liefert, so ermöglicht doch die starke Zinkproduktion dieser Gesellschaft, die Billigkeit der Transportmittel und der geringe Bedarf seine Beschaffung allen Konkurrenten. Etwaige höhere Kosten aber sind wegen ihres geringen Betrags leicht ausgleichbar. Das gleiche gilt vom Kupfer.

Eine stoffliche Qualitätserzeugung kann in der heutigen Messingindustrie im wesentlichen nur durch den Arbeitsprozeß erzielt werden. Sie wird hauptsächlich bedingt durch die Beschaffenheit des persönlichen Arbeitsfaktors, durch die Tüchtigkeit des technischen Leiters, der für die Zusammensetzung der Legierung und die Beschaffung der besten Arbeitsmittel verantwortlich ist, und durch die Aufmerksamkeit und Geschicklichkeit der Arbeiter des Schmelz- und Walzprozesses. Daher bildet die Beschaffung und Erhaltung guter Arbeitskräfte eine Hauptaufgabe der Stolberger Messingindustrie. Was die Erhaltung anbetrifft, so mußte vor allem eine Abwanderung der Arbeitskräfte verhütet werden. Schon die Aachener Messingindustrie im 16. Jahrhundert beschäftigte eine große Zahl von Arbeitskräften. Um 1581 sollen dort über 1000 Arbeiter und Diener der Kupfermeister vorhanden gewesen sein [1]. Diese rekrutierten sich nicht allein aus der städtischen Einwohnerschaft, sondern auch aus der ländlichen Bevölkerung des Aachener Reichs und der benachbarten Territorien. So erklärte 1585 der Abt von Cornelimünster „dahs die Bewohner seines Ländchens sich nicht zu ernähren wüßten, wan der mehrerteil derselben inwoner sich in der statt Ach an den kupferhandel ire narung und gewerb nitt hetten" [2]. Nachdem der Schwerpunkt der Messingindustrie von Aachen nach Stolberg verlegt war, mußten diese Leute dort ihre Arbeit suchen. Die Stolberger Kupfermeister suchten die Abwanderung der Arbeitskräfte im 17. Jahrhundert zu verhindern, indem sie 1667 folgende Bestimmung in ihr Zunftstatut aufnahmen:

„Wie ingleichen, das auch kein kupfermeister zu gestatten und zugelasen, das einige knecht aus diesem bezirck als Aachen und Stolberg an anderen orten zu arbeiten verführet werden, und dafern man vernehme, das einer oder der ander selbige annehmen würde, die zeitliche greven bey der obrigkeit, darunter solche laufern gesessen, also balden anzuhalten, damit denselben ein solches bey namhafter poen verboten werde, und wan selbige verlaufene knecht über jahr und tag widerkommen, das kein meister ihnen ohne wissen und belieben des handtwercks arbeit geben, und welcher solches übertretten würde, in eine straf von fünf goldgulden verfallen seyn" [3].

Diese Bestimmung hat, wie die ganze Zunftordnung, keine lange Lebensdauer gehabt. Der Umstand, daß schon zu früher Zeit der ländliche Distrikt des Aachener Bezirks einen starken Prozentsatz der Arbeitskräfte lieferte, hat viel zu ihrer Bindung beigetragen, weil diese als kleine Parzellenbesitzer an die Scholle gefesselt waren. Auch heute noch wohnen viele in Stolberger Fabriken beschäftigte Arbeiter auf dem Lande.

In neuester Zeit wird die Bindung der Arbeiter auch in Stolberg selbst systematisch betrieben. Zunächst geht eine solche Tätigkeit aus von dem am 25. Juni 1900 in das Genossenschaftsregister eingetragenen Spar- und Bauverein. Der Zweck des Unternehmens ist nach dem Statut „ausschließlich darauf gerichtet, unbemittelten Familien gesunde und zweckmäßig eingerichtete Wohnungen in eigens erbauten oder erworbenen Häusern zu billigen Preisen zu verschaffen, die Häuser wenn möglich in das Eigentum derselben überzuführen und Spargelder derselben anzunehmen und zu verwalten." Die Mitgliederzahl ist von 53 im Jahre 1900 auf 174 im

---

[1] R. A. Peltzer a. a. O. S. 133.
[2] Ebenda S. 135.
[3] Ebenda S. 227.

Jahre 1909 angewachsen. Von diesen gehörten 11 dem Unternehmer-, 89 dem Arbeiterstande an. Bis zum Jahre 1910 wurden von dem Verein insgesamt 33 Häuser mit zusammen 89 Wohnungen gebaut. In das Eigentum der Mitglieder sind die Wohnungen bis jetzt noch nicht übergeführt worden. Wohl aber ist das Ziel „durch Erbauung gesunder Wohnungen möglichst in freier Umgebung die Gesundheit und Arbeitstüchtigkeit, sowie das Familienleben der Arbeiter zu heben und zu fördern" in vorbildlicher Weise erreicht worden. Hierüber schreibt die Zeitschrift des Rheinischen Vereins für Kleinwohnungswesen „Spiegel Rheinischer Bauart" vom Februar 1910:

„Diesem (Stolberger Verein) gelang es durch die geschickte Vermittlung seines Baumeisters, zu einem billigen Preise ein großes Grundstück in der Nähe des Ortes zu erwerben. Da das Grundstück eine größere Tiefe hat und ein Weg an ihm vorbeiführt, mochte vielleicht mancher daran denken, hier eine geschlossene Häuserreihe zu errichten und so nahe wie möglich an die Straße heran zu bauen, um das Grundstück recht auszunutzen. Auf diese Weise wäre aber das freundliche kleine Tal, in dem das Grundstück sich hinaufzieht, häßlich verbaut worden. Denn die umliegenden Grundstücksbesitzer wären sicher dem Beispiele des Bauvereins gefolgt und hätten ihre Grundstücke ebenso ausgeschlachtet.

Erfreulicherweise tat dies jedoch der Bauverein nicht. Eine durchaus wirtschaftliche Kalkulation ergab die Parzellierung mit Doppelhäusern in offener Bauweise als vorteilhaft. Große Obst- und Gemüsegärten — von einem kleinen Bächlein durchflossen — werden terrassenförmig hinter den Häusern liegen. Und um ein abwechslungsreiches Bild zu erzeugen, stellte man die Häuser nicht schematisch in eine gerade Flucht, sondern ordnete sie auf einer großen Kurve an.

Und um diese Art der Besiedlung für den betreffenden Ortsteil zu sichern, erließ die Gemeinde, einer Anregung des Bauvereins folgend, Baubeschränkungen für das betreffende Tal, durch welche eine offene und luftige Bebauung gesichert und ungesunde Bodenspekulation ausgeschlossen wird."

Eine Stiftung der Firma Schleicher verfolgt nicht den Zweck der Hebung der Arbeitstüchtigkeit durch Schaffung gesunder und billiger Wohnungen, sondern will durch Darlehen, die sie dem Arbeiter zum Bau eigener Wohnhäuser zu geringem Zinsfuße gewährt, die für sie wichtigsten Arbeiter an die Scholle und an das Unternehmen fesseln; ist der betreffende Arbeiter längere Zeit in dem Werke beschäftigt gewesen, und hat er schon Ersparnisse gemacht, so erhält er die nötige Summe zinsfrei. Leider war es mir nicht möglich, genauere Mitteilungen über die Einrichtung und ihre Erfolge zu erhalten. Sicherem Vernehmen nach soll sie sich aber einer regen Inanspruchnahme von seiten der bessergestellten Arbeitskräfte, der Meister, erfreuen.

Vollkommener sucht man die Bindung des Arbeiters an das Unternehmen durch Prämiensysteme zu erreichen, die in allen Messingwerken Stolbergs eingeführt sind. Über das Schleichersche System habe ich leider wiederum nichts näheres erfahren können; wohl aber über das in den Firmen William Prym und von Asten und Lynen gebräuchliche Verfahren. Bei von Asten und Lynen besteht das System darin, daß die Arbeiter von der ein bestimmtes Produktionsquantum übersteigenden Fabrikationssumme einen bestimmten Prozentsatz als Prämie erhalten. Da von diesem Überschuß natürlich immer die verdorbenen Fabrikationsmengen abgezogen werden, so besteht der erste Vorteil dieses Systems darin, daß die Arbeiter sich bemühen, gute Waren zu liefern. Der einzelne Arbeiter wird geradezu gezwungen, sorgfältig zu arbeiten, weil seine Kameraden ihn infolge ihres Interesses an der Kontinuität des Betriebes, die durch den Bruch von Maschinenteilen unterbrochen werden kann, genau überwachen. Einen direkten, faßbaren Vorteil brachte die Einführung dieses Systems dem Werke dadurch, daß seitdem nennenswerte Beschädigungen der Walzen, die früher häufig vorkamen und großen Zeit- und Arbeitsverlust bedeuteten, kaum noch stattgefunden haben. An dem System sind die Akkordarbeiter, also vor allem die am Schmelzofen Beschäftigten, nicht beteiligt, weil diese schon durch ihren Lohn an der Produktivität des Unternehmens interessiert sind. Solche Akkordarbeiter aber, die 10 Jahre lang ununterbrochen in dem Unternehmen gearbeitet haben, erhalten einen Lohnzuschuß von 25%. Sofort prämienberechtigt sind alle im Tagelohn beschäftigten Arbeiter. Um sich jedoch vor den sogenannten Läufern zu schützen, ist die Bestimmung getroffen, daß die Arbeiter erst nach zweimonatlicher Beschäftigung Anteil an der Prämie haben und daß die Prämie nur jährlich ausgezahlt wird. Arbeiter, welche vor Ablauf dieser Zeit die Arbeit verlassen, haben keinen Anspruch auf Auszahlung des auf sie entfallenden Anteils. Diese Beträge fließen in vollem Umfange in die Arbeiterunterstützungskasse. Alle Arbeiter des Walzwerks erhalten nach zehnjähriger Tätigkeit bei der Firma einen Zuschuß von 25% des Prämienbetrags. Die wichtigsten Arbeitskräfte sind die Walzer; sie erhalten schon sofort bei ihrem Eintritt eine Vorzugsprämie von 25%, so daß ihr Prämienzuschuß nach zehn Jahren 50% beträgt. Ältere Arbeiter erhalten im Laufe des Jahres Abschlagszahlungen auf ihre Prämienforderung. Die Prämienberechtigung wird nicht unterbrochen durch Krankheit und kürzere militärische Dienstleistungen. Es verdient hervorgehoben zu werden, daß die Arbeiter, welche 25—50% Zusatzprämien erhalten, fast ausnahmslos Familienväter sind, so daß die jährliche Auszahlung der ganzen Prämiensumme außerordentlich wohltuend empfunden wird. Im Krankheitsfalle zahlt die Unterstützungskasse nach einer bestimmten Wochenzahl einen mit der Dauer der Krankheit steigenden täglichen Zuschuß zum Krankengeld, abgesehen von besonderen Zahlungen bei schwierigen Verhältnissen.

Bei dem Prymschen Lohnsystem kann von einem eigentlichen Prämiensystem nicht gesprochen werden. In diesem Werk herrscht das Bestreben, alle Löhne zu Akkordlöhnen umzugestalten. Eine Produktionsbeschleunigung wird dadurch erzielt, daß über ein bestimmtes normales Arbeitsquantum hinaus höhere Lohnsätze gezahlt werden. Dieses Lohnsystem erfüllt nur den Zweck, durch Produktionsbeschleunigung eine Verbilligung der Produktionskosten zu erzielen, nicht aber, wie dies bei den eigentlichen Prämiensystemen der Fall ist, den Zweck, die Arbeiter an das Unternehmen zu binden.

Wie ausgeführt, basiert heute die Erzeugung einer guten Qualitätsware auf einem rein persönlichen Moment, dem Arbeitsfaktor. Insofern sie durch die Geschicklichkeit und Aufmerksamkeit der unteren Arbeitskräfte bedingt wird, handelt es sich im wesentlichen um Fragen der Disziplin und Organisation, deren Lösung leicht eingeholt und übertroffen werden kann. Es wäre daher höchst unrationell und unsicher die Schaffung einer Qualitätsware allein von diesen Faktoren abhängig zu machen. Diese muß sich vielmehr vor allem auf die h ö h e r e technische Arbeitsleistung stützen, deren Aufgabe darin bestehen muß, durch Erzeugung einer für einen bestimmten Zweck besonders geeigneten Legierung eine Vorzugsstellung auf dem Markte zu erringen. Damit aber tritt in den meisten Fällen eine Spezialisierung der Produktion ein, die auch eine Spezialisierung des Absatzes zur Folge haben muß, da sich naturgemäß die Produktion des betreffenden Halbzeugwerkes immer mehr auf die Erzeugung der betreffenden Qualitätsware zuspitzen wird, wenn ein anerkannt überlegenes Erzeugnis, wie z. B. der Prymsche Bronzedraht[1], geliefert wird. Damit aber wird sich auch der Absatz immer mehr auf die Kundschaft eines bestimmten Fabrikantenkreises beschränken, die dem Lieferanten mit gleichen Interessen gegenüberstehen. Bei einem kleinen Kundenkreis mit gleichen Interessen wäre aber

---

[1] Ursprünglich wurde die Feder des Druckknopfes aus Stahl hergestellt. Da dieser aber sehr leicht oxydiert, so wurden die schönsten Toiletten durch häßliche Rostflecken entstellt. Der Ersatz der Stahl- durch eine Messingfeder schloß zwar die Entstellung der Kleider durch Rostflecken aus, hatte aber eine verminderte Gebrauchsfähigkeit zur Folge, weil die Messingfeder sehr leicht ihre Elastizität verlor. Daher konnte sich trotz großer Anstrengungen der Druckknopf keinen Platz im Handel erobern, bis es Prym nach langen Versuchen gelang, aus einer geheim gehaltenen Bronzelegierung eine Feder herzustellen, die große und dauernde Elastizität besitzt.

die Möglichkeit eines Zusammenschlusses, dessen Spitze sich gegen den Lieferanten richtete, durchaus nicht undenkbar. Dazu droht noch eine zweite Gefahr. Wird der Vorsprung von einem Konkurrenzunternehmen mit besseren Produktionsbedingungen eingeholt, so sind die Folgen für das betroffene Werk nicht abzusehen, weil schon der Verlust eines einzigen Kunden dem Werke empfindlichen Abbruch tun müßte. Übernimmt dagegen das Unternehmen die Verarbeitung des qualifizierten Halbzeugs zu Fertigfabrikaten, so sind obige nachteilige Folgen, wenn nicht vollständig beseitigt, so doch erheblich in ihren Wirkungen gemildert, da eine Zerstreuung des Absatzes über das ganze konsumierende Publikum stattgefunden hat. Eine Organisation der Zwischenhändler ist zwar auch in diesem Falle denkbar, aber ihre Spitze kann sich nicht gegen den Produzenten, sondern nur gegen die Konsumenten richten. Auch eine etwaige Verringerung des Absatzes ist weder so leicht, noch so schnell durchführbar wie bei der Halbzeugware, da die Aufklärung des Publikums nicht nur mehr Zeit, sondern auch erheblich höhere Kosten verursacht als die Gewinnung einer kleinen Zahl von Fachleuten. Als dritter Grund der Kombination sind dann noch alle früher geschilderten Vorteile eines rationellen Ausbaues der Produktionstechnik zu erwähnen, die dem Werke erst das wirksamste Mittel der Markterweiterung an die Hand geben, nämlich die Schaffung einer **billigen Qualitätsware**. Hierdurch erst kann im allgemeinen eine gewisse monopolartige Stellung auf dem Markte erreicht werden.

Wie aus vorstehender Untersuchung hervorgeht, mußten die Aufgaben der Stolberger Messingindustrie zur Sanierung der bestehenden Verhältnisse zweifacher Art sein. Vorerst mußten die gegebenen Möglichkeiten zur Verbesserung der Lage auf die rationellste Weise ausgenützt werden. Einmal mußte die günstige Entwicklung des Kupfermarktes durch geschickte kaufmännische Leiter aufs beste ausgebeutet, und anderseits mußte auf Sicherung und Erhaltung einer guten Arbeiterqualität geachtet werden, die die Schaffung einer Qualitätsware ermöglichte. Hand in Hand damit aber mußte der Ausbau der Produktionstechnik vor sich gehen. Die rationellste Ausnutzung dieser günstigen Produktionsbedingungen mußte der Ausgangspunkt jeder Sanierungstätigkeit sein. Betrachtet man die Lösung obiger Aufgaben in ihrer chronologischen Aufeinanderfolge, so erkennt man, daß die Stolberger Industriellen ihre Tätigkeit mit der Ausnutzung der guten Arbeiterqualität zur Erzeugung einer Qualitätsware begannen. Ihre Anstrengungen hatten aber nicht den gewünschten Erfolg, wie aus dem Handelskammerbericht von 1863 hervorgeht:

„Der Absatz an Messingfabrikaten blieb auch im vorigen Jahre ein schleppender und war trotz der **besseren Qualität** Messing, welche jetzt hier angefertigt wird, keiner Ausdehnung fähig."

Erst die weltwirtschaftliche Entwicklung des Kupfermarktes seit der Mitte der 60er Jahre, führte zu einer kleinen Verbesserung der wirtschaftlichen Lage der Messingindustrie. Im Jahre 1857 war der Absatz Stolbergs auf „die Fabriken des bergischen Landes und der hiesigen Provinz" im wesentlichen beschränkt. Seit 1870 aber ist ihre Konkurrenzfähigkeit gestärkt, was naturgemäß eine allmähliche Produktionssteigerung zur Folge haben mußte. 1872 heißt es im Handelskammerbericht:

„Die Messingfabrikation, worüber seit langen Jahren nur ungünstiges zu berichten war, hat seit Abschluß des Friedens einen erfreulichen Aufschwung genommen, welcher erwarten läßt, daß derselbe von Dauer sein werde."

1873 hatte die Stolberger Messingindustrie einen Produktionszuwachs von 1000 Ztr. gegenüber dem Vorjahre zu verzeichnen. Die vermehrte Konkurrenzfähigkeit konnte sich, wie aus früheren Ausführungen ohne weiteres hervorgeht, nur auf den Inlandsmarkt erstrecken. Diese Ansicht findet ihre Bestätigung durch den Handelskammerbericht von 1873, in dem es heißt:

„Verminderung oder gar gänzliche Aufhebung des Eingangszolles auf fertige Waren wird aus dem Grunde noch unzeitgemäß sein, weil die diesseitige Fabrikation der auswärtigen Konkurrenz noch nicht die Spitzen bieten kann, zumal der Bezug der Rohmetalle vom Auslande noch sehr erschwert ist."

Die Gründe für diese Verbesserung waren die günstigeren Bezugsbedingungen für Kupfer und der seit dem 70er Jahre eingetretene allgemeine Aufschwung des deutschen Wirtschaftslebens. Die Verbesserung der Produktionstechnik kann keinen Einfluß darauf gehabt haben, weil diese, wie ausgeführt, erst mit dem Jahre 1875 einsetzt. Nachdem sie aber vollzogen war, lassen sich die günstigen Erfolge deutlich erkennen. Im Jahresbericht der Handelskammer von 1877 heißt es:

„Durch den Umstand, daß einige der hiesigen Messingwerke bedeutende Verbesserungen in der Fabrikation eingeführt haben, gelang es **trotz der beispiellosen Geschäftsflaue**, die in 1877 gegen die früheren **vermehrte Produktion** abzusetzen."

Alle Berichte der folgenden Jahre berichten von einer ständigen Zunahme der Produktion. 1895 produzierten die vier Firmen William Prym, M. L. Schleicher Sohn, von Asten und Lynen, R. Lynen & O. Schleicher (dieses Werk liegt bei Eschweiler) zusammen 90—100000 Ztr. gegenüber 12000 Ztr. im Jahre 1852 durch 11 Messingfirmen. Heute produziert allein die Firma William Prym 60—80 000 Ztr. Messing, eine Menge, die in der Folgezeit noch vermehrt werden soll.

Alle diese Maßnahmen beschränkten sich darauf, günstige Bedingungen auszunutzen, ohne jedoch den Versuch zu machen, die wirtschaftlichen Nachteile des Stolberger Produktionsprozesses zu beseitigen. Diese bestanden, wie ausgeführt wurde:
1. in der Höhe der Transportkosten für die fertige Halbzeugware;
2. in der Konzentration des Absatzes und
3. in den Nachfrageschwankungen, welche die Rentabilität bedrohten.

Die oben geschilderten Sanierungsversuche konnten zwar diese ungünstigen Momente etwas abschwächen, aber nicht entscheidend beseitigen. Auch durch Erzeugung einer qualitativen Halbzeugware konnte dieses Ziel nicht erreicht werden. Eine solche mußte vielmehr, wie ausgeführt, die bestehenden Schwierigkeiten nur noch vermehren. Das einzige Mittel zur Erreichung des Zieles war die **Kombination der Halbzeugindustrie mit einer zweckentsprechenden Fertigfabrikation**.

Die Kombination mußte aber eine zweckentsprechende sein, d. h. sie mußte sich auf die Erzeugung solcher Waren beschränken, welche die obigen Nachteile auch tatsächlich beseitigten. Absolut können die Transportkosten nicht vermindert werden; wohl aber ihr relatives Verhältnis zur Gesamtheit der Produktionskosten, wenn eine erhebliche Werterhöhung des Fertigfabrikats gegenüber den Rohstoffen erzielt wird. Das ist dann der Fall, wenn die Rohstoffkosten gegenüber den Arbeitskosten verschwinden, so daß der Preis der Ware im wesentlichen nicht mehr durch ihren Metallwert, sondern durch ihren Gebrauchswert bedingt wird. Das trifft am ehesten und vollkommensten bei **letzten Konsumartikeln** zu. Diese vermindern auch die geschilderte starke Abhängigkeit von einem kleinen Kundenkreis und ermöglichen die Ausbreitung des Absatzes über das ganze konsumierende Publikum. Sollten die starken Nachfrageschwankungen, welche durch die außerordentlichen Preisschwankungen auf dem Kupfermarkte bedingt sind, und der dadurch erzeugte starke Spekulationscharakter der Messinghalbzeugindustrie beseitigt werden, so mußten **kleine Waren** angefertigt werden, deren Metallgehalt ein so geringer ist, daß der Preis der Fertigfabrikate den Kupferpreisschwankungen nicht folgen kann. Ein Gros Druckknöpfe z. B. wiegt etwa 50 gr. Wenn auch der Kupferpreis um 70 Mk. pro Tonne plötzlich steigt, so würden die Produktionskosten pro Gros infolge der Metallverteuerung etwa um ein Drittel Pfennig vermehrt werden. Und sollte der Produktionsprozeß der Fertigfabrikation möglichst rationell ausgebaut werden, so mußte man solche Gegenstände wählen, die sich zur Massenfabrikation eignen, d. h. solche Produkte, die keine individuelle Bearbeitung erfordern. Die Erzeugung kleiner Massenkonsumartikel im Eigenbetriebe mußte daher das erste, aber nicht das letzte Ziel der Stolberger Messingindustrie sein. Darüber hinaus mußte man danach streben eine Qualitätsware zu schaffen, die allen ähnlichen Erzeugnissen der Konkurrenzunternehmungen des In- und Auslandes überlegen war. Gelang dies, so waren die Nachteile des Stolberger natürlichen Produktionsfaktors nicht nur abgeschwächt und beseitigt, sondern in günstige Produktionsbedingungen verwandelt, da Stolberg alsdann seinen ehemaligen, im Laufe der Entwicklung verlorenen Platz im Zentrum seines Absatzgebietes wieder erobert hatte.

Die erste Fertigfabrikation der Stolberger Messingindustrie bestand in der Erzeugung von Kesselwerk mit Hilfe der Tiefhämmer. Die Kessel waren Massenartikel, die noch einer individuellen handwerksmäßigen Bearbeitung bedurften, ehe sie dem Konsum übergeben werden konnten. Dies geht aus dem Umstande hervor, daß die Aachener Keßlermeister starke Abnehmer der Stolberger Erzeugnisse waren [1]. Die Kesselfabrikation wird noch heute in Stolberg, wenn auch in beschränktem Maße von der Firma M. L. Schleicher Sohn betrieben. Als Ausgangspunkt einer zweckentsprechenden Kombinationstätigkeit konnte diese Art der Fertigindustrie aber nicht in Betracht kommen, weil einmal der Metallwert bei der Preiskalkulation der fertigen Ware noch eine zu hohe Rolle spielt, und andererseits eine Verdrängung des Messings durch das billigere Eisenblech und andere Metalle erfolgt ist.

Als solcher kam vielmehr die Stecknadelfabrikation in Betracht, welche aus England von einem gewissen Mechaniker Jecker in Aachen eingeführt wurde. Ein Bericht aus dem Jahre 1820 [2] sagt hierüber folgendes:

„Ein gewisser Lorenz Jecker, der als erfahrener Mechaniker in England eine Stecknadelfabrik geleitet und mehrere dahin einschlagende Erfindungen gemacht hatte, errichtete im Jahre 1804 in Aachen die erste Anlage dieser Art, welche auch bald so ausgezeichnete Fortschritte machte, daß ihm schon bei der vorangeführten Ausstellung im Jahre 1806 (Paris) eine silberne Ehrenmedaille zuteil wurde. Mehrere höchst wichtige, den schnelleren Betrieb bezweckende Erfindungen, unter anderem das Angießen der Köpfe, die man sonst einzeln ansetzen mußte, und wodurch ein Vorteil von wenigstens 15 %

---

[1] R. A. Peltzer a. a. O. S. 163 Anm. 2.
[2] Topographisch-statistische Übersicht des Regierungsbezirks Aachen, zusammengestellt von einem Mitglied des Regierungssekretariats. Aachen 1820, S. 19.

gegen das Ausland errungen wurde, rühren schon von jener Zeit her."

Nach Haagen beschäftigte Jecker etwa 150 Arbeiter; den Messingdraht bezog er aus Stolberg[1]. In Stolberg wurde die Stecknadelindustrie durch Friedrich Buff eingeführt. Seine Anlage ging 1821 in den Besitz seiner Drahtlieferanten Math. Leonhard Schleicher & Sohn, Joh. Nic. Schleicher, Joh. Math. Schleicher, Leonhard Casimir v. Asten und Gustav Prym über, die sie als Kommanditgesellschaft unter dem Namen Schleicher, von Asten & Prym weiterführten[2]. Prym und v. Asten traten bald aus der Gesellschaft aus. Nachdem dann ersterer die Fabrikation von Stecknadeln auf eigne Rechnung wieder aufgenommen hatte, war die Kombination tatsächlich vollzogen. Ein großer Erfolg konnte aber nicht erzielt werden, weil die Fabrikation ziemlich handwerksmäßig erfolgte, wie aus dem Handelskammerbericht von 1851 hervorgeht. Es heißt dort: „Die Stecknadelfabriken des Bezirks können sich des früher gekannten Flors nicht recht wieder erfreuen. Solche, die bis vor einigen Jahren einen wichtigen Absatz ihres Produkts nach den Vereinigten Staaten Nordamerikas hatten, ist dieses Absatzfeld jetzt fast gänzlich verschlossen, indem daselbst bei einem Eingangszoll von zirka 30—40 % des Wertes der Ware Fabriken angelegt werden konnten, denen die auswärtigen mit Mühe nur noch eine schwache Konkurrenz entgegenzusetzen vermögen. Für den Absatz im Inlande ist der Umstand, daß diese Artikel sich durch **kleine Handwerker viel leichter als mancher andere darstellen läßt**, dem fabrikmäßigen Betrieb ein sehr hinderlicher, da diese Handwerker sich mit einem guten Tagelohn für ihre Arbeit begnügen und begnügen können, ihre Ware demnach zu den niedrigsten Preisen vertreiben. Dasselbe findet Anwendung auf Panzerwaren."

Auch in den folgenden Jahren wird die Lage der Stolberger Stecknadelindustrie keineswegs als günstig bezeichnet. Als Gründe führt man einmal die Möglichkeit eines vorteilhaften Kleinbetriebs und anderseits die starke Konkurrenz Englands, welche durch seine günstige Lage zur See und durch die Möglichkeit des billigen Rohstoffeinkaufs begründet wird, an. Ein großer Erfolg konnte nicht erwartet werden, da bis dahin von einer **zweckentsprechenden** Kombination aus dem Grunde nicht gesprochen werden konnte, weil den Erzeugnissen die wichtige Eigenschaft eines **Massenartikels** noch vollständig fehlte. Erst mit dem Jahre 1855 setzt ein nennenswerter Aufschwung ein. Daß aber auch damals noch

---

[1] Friedr. Haagen, Geschichte Aachens. 2 Bde. Aachen 1873/74. II, S. 464.
[2] Schleichersche Festschrift a. a. O. S. 11.

der persönliche Arbeitsfaktor eine große Rolle spielte, bezeugt der Handelskammerbericht von 1858. Es heißt dort:

„Da bei dessen Fabrikation hauptsächlich nur jugendliche Arbeitskräfte verwandt werden können, so trifft die Verordnung der verminderten Arbeitsstunden jugendlicher Arbeiter sehr schwer und steht zu befürchten, daß solche voraussichtlich noch eingehen wird. Schon jetzt hat der Absatz nach dem Auslande, der früher den hauptsächlichsten bildete, fast ganz aufgehört, da die hiesigen Fabrikanten nicht mehr gegen jene Englands und Frankreichs infolge der hohen Arbeitslöhne konkurrieren können. Das Wenige, was noch hier angefertigt wurde, fand fast ausschließlich Absatz in den Staaten des Zollvereins."

Gerade die hier als schädlich bezeichnete Steigerung der Kosten für die persönliche Arbeitsleistung förderte in der Folgezeit die Entwicklung der Stolberger Fertigindustrie. Sie veranlaßte die Fabrikanten, die persönliche durch mechanische Arbeit zu ersetzen. So bezog die Firma Prym Stecknadelmaschinen aus England, die fast unverändert noch heute gebraucht werden und automatisch 170 Stecknadeln pro Stunde liefern. Die Einführung dieser Maschinen fällt in die 70er Jahre des vorigen Jahrhunderts. Der günstige Erfolg zeigte sich schnell, wie aus einem Briefe der Messingfabrikanten an die Stolberger Handelskammer hervorgeht:

„Für deren (Stecknadeln) Industrie sind in unserem Ort in den letzten Jahren bedeutende Kostenaufwände und alle Anstrengungen gemacht worden, mit dem Auslande, hauptsächlich England, in diesem Artikel zu konkurrieren. Nur mit größter Mühe ist es gelungen, diese Konkurrenz aus unserem Vaterlande teilweise zu verdrängen, und haben wir berechtigte Aussichten, dieselbe auch bald ganz aus Deutschland verschwinden zu sehen."

Wahrscheinlich hat der Umstand, daß der Absatz in Stecknadeln in den 40er Jahren des vorigen Jahrhunderts infolge des zollpolitischen Abschlusses Nordamerikas zurückging, mit dazu beigetragen, daß man versuchte, den Absatz durch Vermannigfachung der Fertigfabrikate zu erweitern. Interessant ist, daß man nur kleine Gegenstände und zwar Artikel, welche unter dem Namen Panzerwaren, weil sie früher fast ausschließlich von der Iserlohner Panzerzunft hergestellt wurden, produzierte. Von größeren messingnen Gegenständen wurden während einiger Jahre nur Lokomotivröhren hergestellt. Doch dauerte die Fabrikation dieser Röhren nicht lange, da die Eisenbahnverwaltung sie durch eiserne ersetzte. Von den neu angefertigten Gegenständen sind hier vor allem zu nennen: Sicherheitsnadeln, Haken und Ösen, Schnallen, Ketten, Reis- und Teppichstifte, Kugeln, Pfeifenstopfer, Schmuck-, vor allem Busennadeln, Kettengarnituren in den verschiedensten Ausführungen usw. Der mit dieser Erweiterung der Produktionstätigkeit verbundene Erfolg führte dazu, daß die Stolberger Industrie insofern einen handwerksmäßigen Charakter beibehielt, als die verschiedenartigsten Gegenstände in verschiedener Größe und Ausführung auf Bestellung hergestellt wurden. Die hiermit verbundenen Nachteile, wie Zeit- und Arbeitsverlust durch Umstellen der Maschinen usw., führte in der Firma William Prym zur bewußten Ausbildung **einer Typen- und Massenfabrikation**, indem alle Gegenstände, die sich zur Massenfabrikation auf Grund statistischer Erhebungen nicht eigneten, aus dem Produktionsprozeß ausgeschieden wurden. Heute werden in diesem Unternehmen folgende Artikel in **bestimmten Größen und feststehender Ausführung** angefertigt:

      1. Stecknadeln,
      2. Sicherheitsnadeln,
      3. Haken und Ösen,
      4. Ketten,
      5. Schnallen,
      6. Teppich- und Reissstifte,
      7. Druckknöpfe.

Die Kombination der Halbzeugindustrie mit einer zweckentsprechenden Fertigfabrikation von **kleinen, billigen Massenkonsumartikeln** hatte einen außerordentlichen Aufschwung der Stolberger Messingindustrie zur Folge. Noch im Jahre 1877 beschäftigte die Firma William Prym alles in allem etwa 53 Arbeitskräfte; 1899 dagegen umfaßte ihre Arbeiterschaft schon mehr als 900 Personen. Aber noch war das letzte Ziel, **die Schaffung eines kleinen, billigen, qualitativ hervorragenden Massenkonsumartikels** nicht erreicht. Erst nachdem es bis zum Jahre 1900 gelungen war, einen allen Anforderungen genügenden Druckknopf herzustellen, war auch die letzte Aufgabe gelöst. Mit riesiger Reklame auf den Markt geworfen, hatte der Druckknopf einen durchschlagenden Erfolg. Die großartige Entwicklung des Unternehmens — 1899 903 Arbeiter, 1910 1920 Arbeiter — ist fast vollständig dem Erfolg des Druckknopfes zuzuschreiben, der auch den größten Teil zur Erzielung des Reingewinnes beiträgt. Während die heutige Stolberger Messinghalbzeugindustrie überhaupt keinen nennenswerten Auslandsabsatz besitzt, ist es der Fertigfabrikation gelungen, auch jenseits der Grenzen wieder festen Fuß zu fassen. Inklusive Absatz an Halbzeug entfallen von der gesamten Prymschen Produktion etwa 65% auf das In- und 35% auf das Ausland. Schaltet man die Halbzeugware aus, so dürfte sich das Verhältnis zugunsten des Auslandsabsatzes noch um 6—8% verschieben, da die Halbzeugware keinen Anteil daran hat.

Von den drei noch in Stolberg vorhandenen Messingwerken sind allerdings die im vorstehenden abgeleiteten Aufgaben nur von der Firma William Prym in vollem Umfange gelöst worden. Von den beiden anderen Werken hat die Firma M. L. Schleicher Sohn nur einen kleinen Ansatz von Kombinationstätigkeit aufzuweisen. Sie verfertigt, wie schon angeführt, in beschränktem Maße noch Kesselwerk nebst Stecknadeln, Haken und Ösen. Das dritte Unternehmen, die Firma von Asten und Lynen, ist ein reines Halbzeugwerk geblieben. Leider ist es nicht möglich, an Hand statistischen Materials die Vergrößerung der Produktion und des Absatzes anzugeben, weil es sich hier um Familienunternehmungen handelt, die es aus Konkurrenzrücksichten ablehnen, nähere Angaben über Größe der Produktion und Art des Absatzes zu machen. Einen kleinen Anhalt für den Erfolg der einzelnen Unternehmungen bietet uns nur das Anwachsen der Arbeiterzahl. Diese betrug bei der Firma:

	William Prym	Schleicher	v. Asten & Lynen
1877	53	85	—
1894	896	200	78
1910	1920	313	115

Dabei ist noch zu erwähnen, daß die Zahl von 115 Arbeitskräften bei der Firma von Asten & Lynen als eine außerordentlich hohe bezeichnet werden muß, die nur auf eine sehr günstige Konjunktur zurückzuführen ist. Schon 1898 hat das Unternehmen eine Arbeiterzahl von 121 Personen beschäftigt, ohne diese in den folgenden Jahren beibehalten zu können. In allen anderen Jahren mit Ausnahme von 1899, wo 102 Arbeiter beschäftigt wurden, hat es die Zahl 100 nicht erreichen können. Wenn nun auch als sicher angenommen werden darf, daß heute mit gleicher Arbeitskraft ein größeres Produktionsquantum geschaffen wird als 1890, so ist doch der Aufschwung, den das Werk zu verzeichnen hat, gegenüber dem der Firma Prym ein verschwindend geringer. Wenn heute in der Halbzeugabteilung von

William Prym	Schleicher	v. Asten & Lynen
zirka 300	150	113

Arbeiter beschäftigt werden, so geht daraus hervor, daß die Prymsche Produktion an Halbzeug zweimal so groß ist, wie die von Schleicher und dreimal so groß, wie die von v. Asten & Lynen.

Der Werdegang der Stolberger Messingindustrie zeigt, welch große Wichtigkeit der Standort einer Industrie für ihre Produktivität und Rentabilität besitzt, zeigt aber auch, welchen außerordentlichen Wandlungen diese Bedeutung im Laufe einer jahrhundertelangen Entwicklung unterworfen sein kann. Während früher die gute Lage zu dem am meisten gebrauchten Rohstoffe, der in nicht zu großer Entfernung in qualitativ bester Form vorkam, den Monopolcharakter der Stolberger Messingindustrie zum großen Teil bestimmte, übten später nach Verlust dieses Vorzuges die Absatzverhältnisse einen immer ungünstigeren Einfluß auf Produktivität und Rentabilität aus. Hatten sich zunächst auch die günstigen Rohstoffverhältnisse in ungünstige verwandelt, so führte die moderne Entwicklung, vor allem der Umstand, daß der Preis nicht mehr für einzelne Abschlüsse, sondern für ungeheure Mengen auf großen Märkten mit bedeutenden und schnell wechselnden Differenzen bestimmt wurde, zur Neutralisierung der Rohstoffinteressen mit gleichzeitiger Mehrbelastung des kaufmännischen Arbeitsfaktors. Diese Entwicklung haben mehr oder weniger alle jene Unternehmen durchmachen müssen, deren Fabrikationsprozeß, wie der der Messingindustrie, erst auf der zweiten Produktionsstufe beginnt, deren Rohstoffe also das Produkt eines früheren Produktionsprozesses sind.

Bei allen derartigen Unternehmungen verschwindet die Bedeutung der geographischen Lage zur Rohstoffquelle. Dafür aber wird sich, wie in der Stolberger Messingindustrie, so auch bei anderen Fabrikationsarten eine starke einander entgegengesetzte Anziehungskraft der Absatzverhältnisse einerseits, der Arbeitsinteressen anderseits geltendmachen. Diese gegenseitige Konkurrenz ist eine äußerst verhängnisvolle. Sie läßt weder den ungünstigen Einfluß der Absatzverhältnisse, der auf die Dauer die betreffenden Unternehmungen vernichten würde, noch den Vorteil des Vorhandenseins einer qualifizierten Arbeiterschaft, der zur gedeihlichen Entwicklung der Werke beitragen müßte, zur Geltung kommen und macht die betreffende Industrie zu einer Konjunkturunternehmung. Jeder Aufschwung bringt ihnen Gewinn, jede auch die kleinste Krise nicht nur des allgemeinen Wirtschaftslebens, sondern auch ihrer Branche empfinden sie auf das schärfste. Sie gleichen dem Segler, der ohne Ballast schon bei leicht bewegter See hin- und hergeworfen wird, während das belastete Schiff noch stolz und ruhig die Wogen durchzieht. Werden aber die ungünstigen Absatzverhältnisse durch Kombination einer zweckentsprechenden Fertigindustrie mit der Halbzeugfabrikation beseitigt, so kommt als alleiniger Faktor bei der Bestimmung des Standorts die Beschaffenheit des persönlichen Arbeitsfaktors in Betracht. Das bedeutet aber im Grunde genommen nichts anderes als **Ausschaltung der ehemaligen Bedeutung des natürlichen Produktionsfaktors durch intensivere Anwendung des Kapital- und Arbeitsfaktors aus dem Fabrikationsprozeß.**

Dieser moderne Entwicklungsprozeß, welchen alle Unternehmungen, deren Fabrikation nicht mit der Urproduktion beginnt, wo die Rohstoffinteressen noch hervorragenden Einfluß auf die Standortsfrage besitzen, durchgemacht haben oder durchmachen müssen, hat Erscheinungen zur Folge gehabt, die unser ganzes heutiges Wirtschaftsleben charakterisieren. Nicht nur in der Textilindustrie, sondern vor allem auch auf dem Gebiete der gesamten kleineren Fertigindustrie ist die Erzeugung einer Modeware, einer Ware, die für eine Zeitlang den Markt beherrscht und alsdann fast spurlos verschwindet, typisch geworden. Diese Folge mußte eintreten, weil der Vorsprung eines derartigen Unternehmens nicht mehr in schwer einholbaren, sondern auf leichter übertreffbaren Vorteilen des Kapital- und Arbeitsfaktors beruht. Deshalb entwickelte sich in moderner Zeit ein Konkurrenzkampf, der weniger das Billigkeitsmoment, als das Bestreben nach möglichster Anpassung an Geschmack und Bequemlichkeit des kaufenden Publikums zum Ausgang hat. Diese Entwicklung, die eine größere und reichhaltigere Möglichkeit der Bedarfsbefriedigung zur Folge hat, ist vom volkswirtschaftlichen Standpunkte sicherlich zu begrüßen; aber sie birgt auch eine nicht zu unterschätzende Gefahr für die einzelnen Unternehmungen in sich. Der Charakter einer Modeware bringt es mit sich, daß einmal der Kulminationspunkt des Absatzes erreicht wird, worauf ein Rückgang eintritt. Wenn dieser Rückschlag auch aus früher angeführten Gründen sich allmählich nur bemerkbar macht, so ist er doch sicher. Und gelingt es dem Werke nicht, zur rechten Zeit einen neuen Modeartikel auf den Markt zu bringen, so ist der Verlust des Unternehmens um so größer, je mehr die Leitung dem Anreiz, die minder gut gehenden Artikel gegenüber der leicht absetzbaren Modeware zu vernachlässigen, gefolgt ist. Daher darf in einem soliden Unternehmen, das nicht ein kurzes, gut rentierendes Augenblicksdasein führen will, die Erzeugung einer Modeware nur auf der Basis eines von der Geschmacksrichtung des kaufenden Publikums unabhängigen Absatzes erfolgen. Das wird dadurch möglich, daß man den Absatz derjenigen Artikel, die den Charakter einer Modeware nicht haben, selbst unter Opferung eines Teiles des Reingewinnes erweitert und befestigt. In der Messingfertigindustrie kann hier ein Weg beschritten werden, der für die reine Halbzeugindustrie große Gefahr in sich birgt, weil dadurch die Abhängigkeit von einem kleinen Kundenkreis verschärft wird, nämlich die Erzeugung einer qualitativen Halbzeugware. Bei einem Kombinationsunternehmen liegt obige Gefahr nicht vor, weil das Rückgrat des Absatzes nicht durch die Halbzeugware, sondern durch die Fertigfabrikate gebildet wird. Eine derartige Absatzerweiterung ist nicht mit zu großen Schwierigkeiten verbunden, weil die Fertigindustrie mit ganz anderen und besseren Mitteln in den Konkurrenzkampf eintritt, als die reine Halbzeugindustrie. Mag aber die Basis geschaffen werden, wie sie will, die Hauptsache ist und bleibt, daß sie überhaupt geschaffen wird, weil erst dadurch die moderne Entwicklung den volkswirtschaftlichen Bedürfnissen vollständig angepaßt wird, da die Volkswirtschaft als solche nicht nur an einer möglichst reichen und mannigfaltigen Bedarfsbefriedigung ein Interesse hat, sondern auch an einer möglichst ergiebigen und kontinuierlichen Ausnutzung des investierten Kapitals.

Anhang.

War Mattheis Peltzer der Alte 1591 Aachener Bürger oder nicht?

Von den im Jahre 1667 in der Stolberger Zunftrolle genannten 33 Kupfermeistern, gehörten 11 der Familie Peltzer an, die alle von Matheis Peltzer d. A. abstammen, wie aus folgender genealogischer Tabelle hervorgeht, die auf Grund des Maccoschen Werkes [1] zusammengestellt ist [2].

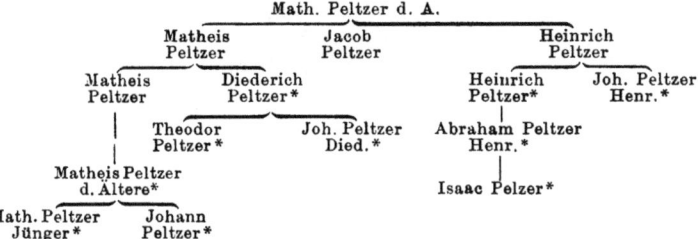

Alle Nachkommen Matheis Peltzers d. A. mit Ausnahme seiner 3 Söhne sind in Stolberg geboren; wo seine Söhne geboren sind, konnte ich auf Grund des mir vorliegenden Materials nicht feststellen. Nur Jacob Peltzer wird von ihnen 1602 unter den Aachener Kupfermeistern erwähnt [3]. Da aber auch die beiden anderen Söhne Kupfermeister waren, so ist anzunehmen, daß sie zur damaligen Zeit schon in Stolberg gewohnt haben, weil sie sonst unter den Aachener Kupfermeistern erwähnt sein müßten. Wichtiger ist die Beantwortung der Frage, ob Matheis Peltzer d. A. in Aachen gewohnt hat, oder nicht. Die Ansicht Maccos, daß er Aachener Bürger gewesen sei, scheint mir nicht zuzutreffen, wenigstens sind die Gründe, die er dafür anführt, meiner Ansicht nach nicht ganz stichhaltig.

Am 24. Februar 1591 hatte der Amtmann Gerhard Eller-

---

[1] H. F. Macco, Geschichte und Genealogie der Familie Peltzer. Aachen 1901.
[2] Die mit einem Stern bezeichneten Namen werden 1667 in der Zunftrolle angeführt.
[3] R. A. Peltzer a. a. O. S. 221.

born eine dem Matheis Peltzer zugehörige Ladung mit kupfernen Pfannen angehalten. Matheis machte darauf in seiner Beschwerde geltend: „er sei nicht Aachener, sondern Cornelimünsterischer Untertan." Ellerborn wandte dagegen ein, „daß er aber mit seiner heuslicher wohnungh itzonder zu Aich nit wohne noch einwoner sei, noch sich alda verhalte, nit certificierdt wirdt[1]." Macco sagt dann weiter: „daß man aus Ellerborns Einrede folgern darf, Matheis habe in Aachen gewohnt, erscheint trotz der verbürgten Tatsache, daß er die Ellermühle besaß, um so berechtigter, als im Rechtsstreit des Matheis Peltzer im Ochsen gegen Stefan Kawenberg wiederholt eine „Frau Elsgen Peltzer in Aachen" unter der zweifellos die Frau von Matheis, Elisabeth Hutten, zu verstehen ist, genannt wird."

Gegen diese Ausführungen läßt sich verschiedenes einwenden. Zunächst was den Ausdruck „Elsgen Peltzer in Aachen" angeht. Elisabeth Hutten war die zweite Frau Matheis Peltzers, die er erst nach 1598 geheiratet haben kann, da seine erste Frau erst in diesem Jahre starb[2]. Matheis Peltzer starb wahrscheinlich im Jahre 1602, worauf seine Witwe im Jahre 1604, wie es bei Macco ebendort heißt, „von der Mühle (d. h. der Ellermühle in Stolberg) zieht." Da es sich nun in dem oben erwähnten Prozeß um eine schlecht geführte Vormundschaft handelt, die erst 1603 einsetzt und 1628 eingeklagt wird[3], so kann der Ausdruck „in Aachen" nur auf die Zeit nach 1604 bezogen werden. Der Umstand aber, daß die Witwe Matheis Peltzers von Stolberg nach Aachen zieht, beweist, daß ihr Gatte in Stolberg gewohnt hat.

Auch aus der Aussage Ellerborns kann man nicht ohne weiteres den von Macco angeführten Schluß ziehen. Ellerborn sagt nur: es ist nicht gewiß, daß Peltzer zurzeit — itzonder — in Aachen wohnt. Gerade dieser Ausdruck scheint darauf hinzuweisen, daß er seinen ständigen Wohnsitz nicht in Aachen hatte. Und dazu steht der schwankenden, ausweichenden Behauptung Ellerborns der strikte Ausspruch Peltzers gegenüber, er sei nicht Aachener, sondern Cornelimünsterischer Untertan. Die Wahrheit dieser Aussage scheint mir auch nicht dem geringsten Zweifel zu unterliegen, wenn man bedenkt, daß ein Mann, dessen Vater lange Jahre hindurch die höchsten Ehrenstellen der Reichsstadt Aachen bekleidete, eine derartige Aussage nicht machen konnte, ohne daß ihm die Unwahrheit direkt nachgewiesen worden wäre.

Aber auch noch andere Gründe sprechen für die Wahrheit seiner Aussage. Im Jahre 1559 findet sich kein Peltzer

---

[1] H. F. Macco a. a. O. S. 65.
[2] Ebenda S. 66.
[3] Ebenda S. 238.

unter den Aachener Kupfermeistern. Wäre der Bürgermeister Matheis Peltzer Kupfermeister gewesen, so wäre er sicherlich in der Liste aufgeführt. Aber er war es nicht, weil er nur Kaufmann war, wie aus seinen eigenen Worten hervorgeht:
„er sei ungefähr 65 Jahre alt, habe seine Wonungh zu Aachen an den Bergh ernähre sich seiner Renten, Kumpften und Kaufmannschaft"[1].

An einer anderen Stelle heißt es:
„ernere sich des handels mit kuffer und wollen und ander seiner guter ime von got velehindt"[2].

Sein Sohn Matheis dagegen war Kupfermeister. Er betrieb die Messingfabrikation im großen auf dem Ischenberg bei Eschweiler seit der Mitte der 80er Jahre des 16. Jahrhunderts, seit 1587 auf der neuen Ellermühle in Stolberg, nachdem er die alte Ellermühle daselbst schon früher erworben hatte; 1592 baute er die Hammmühle. Eine derartige Betriebskonzentration außerhalb der Stadt widersprach dem Verbot des Aachener Rats in der Zunftordnung vom Jahre 1548[3]:

„Item niemands von diesem ambacht inwendig der statt und dem reich wonaftig **en sal geinen droett noch keßlen oder innig ander aus bereitwerck außerhalb der statt und dem reich und an frembden ortern,** sunder allhie und binnen der statt Aich **allein bereiden** und machen lassen; und welcher dartgegen bruchtig befunden, sal derselvige, also duck und mennigmall solches beschehe, van iederm hundert insonderheit fur drey beschaiden goltgulden unnacließliche zu bezahlen ervallen sein, und in maßen vurschreven zu verdailen."

Wollte also Matheis Peltzer die Vorteile des Stolberger natürlichen Produktionsfaktors ausnutzen, so genügte es nicht, daß er nur seine Fabrikanlagen auf dortigem Boden errichtete, sondern er mußte sich auch der Strafgewalt des Aachener Rates dadurch entziehen, daß er auswanderte und seine Untertanenschaft wechselte.

Diese Notwendigkeit ergibt meiner Ansicht nach den stärksten Beweis für die Wahrheit der Peltzerschen Behauptung, daß er nicht Aachener, sondern Cornelimünsterischer Untertan sei. War dem so, dann ist Matheis Peltzer nicht infolge der religiösen Streitigkeiten ausgewandert, sondern er wurde dazu veranlaßt durch die **ungünstige Beschaffenheit des Aachener natürlichen Produktionsfaktors als Träger eines die Produktionssteigerung hindernden Wirtschaftsprinzips.**

[1] H. F. Macco, a. a. O. S. 47.
[2] Ebenda S. 52.
[3] R. A. Peltzer a. a. O. S. 197.

Verzeichnis der benutzten Quellen.

1. Alpen, L. v., Einige Nachrichten über Stolberg. Aachen 1845.
2. —, S. v., Reden bey der Einführung des neuen Gesangbuches in der protestantischen Gemeinde zu Stolberg bey Aachen nebst einer kurzen Reformationsgeschichte beyder Gemeinden. Frankfurt am Mayn 1804.
3. —, Akten der Stolberger Handelskammer.
4. —, Beschreibung des Bergreviers Düren, herausgegeben vom Kgl. Oberbergamte zu Bonn. Bonn 1902.
5. Bischoff, Das Kupfer und seine Legierungen. Berlin 1865.
6. Brandt, Alex. v., Beiträge zur Geschichte der französischen Handelspolitik von Colbert bis zur Gegenwart. Leipzig 1896.
7. Dechen, v., Orographisch-geognostische Übersicht des Regierungsbezirkes Aachen, 2. Abt. von Reinick, Statistik des Regierungsbezirkes Aachen. Aachen 1866.
8. —, Denkwürdigkeiten des Fleckens Stolberg und der benachbarten Gegend von einem Einsiedler (Ad. Peltzer). Aachen 1816.
9. Dieterici, Statistische Übersicht der wichtigsten Gegenstände des Verkehrs und Verbrauchs im deutschen Zollverein. Berlin und Posen 1848.
10. Dorsch, Statistique du département de la Roer. Cologne 1804.
11. —, Der Regierungsbezirk Aachen in seinen administrativen Verhältnissen während der Jahre 1816—22. Amtlich.
12. —, Festschrift des Ingenieurvereins.
13. Göschen, Bericht über die Industrieverhältnisse im Regierungsbezirk Aachen. Aachen 1878.
14. Haagen, Friedr., Geschichte Aachens. 2 Bde. Aachen 1873/74.
15. —, Handelskammerberichte, Stolberger, 1852—1910.
16. Hocker, Die Großindustrie Rheinlands und Westfalens. Leipzig 1867.
17. Koch, Heinr. Hub., Geschichte der Stadt Eschweiler und der benachbarten Ortschaften. 2 Bde. Frankfurt a. M. 1890.
18. Kühlwetter, Rückblick auf die Zustände des Regierungsbezirks Aachen seit dem Jahre 1816. Aachener Zeitung, Jahrgang 1863, Nr. 208—235.
19. Macco, H. F., Geschichte und Genealogie der Familie Peltzer. Aachen 1901.
20. —, Protestantische Aachener Emigranten aus der zweiten Hälfte des 17. Jahrhunderts. 1906.

21. Mosel, v. d., Handels- und Gewerbeverwaltung im Regierungsbezirk Aachen 1848—61. Aachener Zeitung, Jahrg. 1863, Nr. 280—288.
22. Neumann, Bernh., Die Metalle, Vorkommen und Gewinnung. Halle 1904.
23. Noppius, J., Aacher Chronick. Cölln 1632.
24. Peltzer, R. Arth., Geschichte der Messingindustrie und der künstlerischen Arbeiten in Messing (Dinanderies) in Aachen und den Ländern zwischen Maas und Rhein von der Römerzeit bis zur Gegenwart. Aachen 1909.
25. Schleicher, Mémoire sur les fabriques de laiton ou du cuivre jaune établies à Stolberg. 1800.
26. Schleichersche Jubiläumsschrift zur Feier des 300jährigen Bestehens der Messingfabrik 1905.
27. Schmoller, v., Grundriß der allgemeinen Volkswirtschaftslehre 2 Bde., 1900.
28. —, Die englische Handelspolitik des 17. und 18. Jahrhunderts Schmollersche Jahrbücher 1899.
29. Schué, Der Eschweiler Kohlenbergbau in der Festschrift des Eschweiler Gymnasiums. 1905.
30. Schumacher, H., Die Wanderungen der Industrie in Deutschland und in den Vereinigten Staaten. Hamburg 1909.
31. —, Spezialakte über gewerbliche Unternehmungen der Bürgermeisterei Stolberg.
32. —, Spiegel Rheinischer Bauart, Jahrg. 1910.
33. —, Statistische Zusammenstellungen über Blei, Kupfer, Zink usw. von der Metallgesellschaft, der Metallurgischen Gesellschaft A.-G. und der Berg- und Metallbank A.-G., Frankfurt a. M. 1910.
34. —, Topographisch-statistische Übersicht des Regierungsbezirkes Aachen, zusammengestellt von einem Mitgliede des Regierungssekretariats. Aachen 1820.
35. —, Verwaltungsberichte der Bürgermeisterei Stolberg.
36. Weber, Alfred, Über den Standort der Industrien. I. Teil. Reine Theorie des Standorts. Tübingen 1909.

Printed by Libri Plureos GmbH
in Hamburg, Germany